COMPETITION
FOR THE REORGANIZATION
OF HISTORICAL SPACE 2022

歴史的空間再編コンペティション2022

第11回「学生のまち・金沢」設計グランプリ アーカイブ
The 11th "Student's City / Kanazawa" Design Grand Prix Archive

学生団体SNOU 編

JN027693

本コンペは、
歴史的空間のストックを活かした新たな価値を創造するとともに、
多くの学生が集い、交流を深めて行く中で、
学生のまち・金沢の魅力を
全国に発信することを目的としています。

委員長挨拶

　さまざまな時代の建築や工芸などの文化が積層する金沢の地で、歴史的空間の再編を全国の学生とともに考えようという想いから始まった歴史的空間再編コンペティションも今年で11回目を数え、全国各地より多くの応募をいただきましたことを心より嬉しく思います。

　地域創生が叫ばれる今日、それぞれの地域が持つ魅力や価値、さらにはそこが抱える課題などを、時間軸を持った目で見据え、真摯に向き合い再編していくことが、建築に携わる者に求められている事柄であると考えます。そのような中、全国の学生が自ら育った環境や、今の暮らしの中で魅力的な歴史的空間を見つけ出し、自由な発想で活用を考える機会自体に大きな意味があるのではないでしょうか。参加者の皆さんが公開審査の場で問題意識を共有することで、これからの建築やまちづくりに一つの方向性を示すことを願っています。

　また本コンペでは、一つひとつの提案が一過性のものではなく継続した議論の苗床となるよう、出展作品のアーカイブ化を行いながら知識や情報の蓄積も図っています。学生の皆さんにとって卒業制作や研究、コンペなどのテーマを考える時に、日本全国に存在するさまざまな歴史的空間を見つける一助となればと思っています。

　最後になりましたが、本アーカイブの出版に際し、ご協力、ご協賛いただいた関係各位、企画・運営に携わって下さった学生団体SNOUの皆様に心から感謝を申し上げるとともに、今後とも一層のご支援をいただきますようお願いいたします。

歴史的空間再編学生コンペ実行委員会 委員長
金沢工業大学 教授

宮下 智裕

学生団体SNOU代表挨拶

　　歴史的空間再編コンペティション〜「学生のまち・金沢」設計グランプリ〜は、今年で第11回を迎えました。"金沢の歴コン"として根付いてきたことで、全国から洗練された作品の出展が増え、今年度も白熱した大会となりました。

　　今年度はSNOU企画として、歴コン第4回グランプリ受賞者の堀場絵史さんをお招きし、"建築家を目指す上で大切にしてきたもの、大切にしていきたいものとは"をテーマに、学生を対象としたミニ座談会を開催しました。堀場さん自身のこれまでの経験やまちづくりに対する思い、学生時代の取り組みが生かされていることなど、参加者と身近な視点からざっくばらんに対談させていただき、建築について学び・考えるきっかけとなる有意義な会となりました。

　　また、"歴史的に振り返る with コロナ"をテーマに展開された「記念講演＆トークセッション」では、コロナだけでなく過去の感染症の歴史も振り返り、人に対する配慮と気遣いの連環が、これまでどのように空間のデザインに反映されてきたかなど、"歴史的空間の再編"に直結する貴重な意見交流の場となりました。

　　さらに、今年度もプレゼン部門・模型部門・パース部門のSNOU賞3部門ならびに最優秀SNOU賞を選出しました。本コンペの運営を担ってきた立場として学生の視点から作品の評価を行うもので、私たちにとっては作品への理解が深まるとともに、改めてコンペのテーマ・意義について考える良い機会となりました。受賞者の方々へは記念品として石川の工芸作家による作品を贈呈させていただきました。全国の学生の皆様に石川の伝統工芸の良さを知っていただき、この芸術・文化が広く発信されることを期待しています。

　　最後になりましたが、本コンペの開催に当たり、ご協力、ご協賛いただいた関係各位に深く感謝申し上げます。歴史的空間再編コンペティションがより良い議論の場、学びの場、交流の場となるべく、一層の努力を続けて参りますので、今後ともご支援を賜りますようよろしくお願いいたします。

2022年度 学生団体SNOU代表

市川 慧

3

目　次

開 催 理 念

金沢市は学術文化都市として発展してきました。学生がまちなかに集い、

市民と交流する姿は、「学生のまち・金沢」のにぎわいと活力の象徴となっています。

学都金沢としての伝統と誇りを継承発展させるために、

平成22年に全国に先駆けて、「金沢市における学生のまちの推進に関する条例」を制定し、

「学生のまち・金沢」を全国に発信しています。

金沢のまちは、時代の重層した歴史的空間をその都市構造とともによく残しています。

その個性的な空間を舞台に、固有の文化・芸術が育まれてきました。

歴史的なまちなみと人々の暮らしや文化が積極的にまちづくりに生かされています。

本コンペティションは、「学生のまち・金沢」「歴史都市・金沢」に全国の学生が集い、

歴史的な空間との対話を通して、学び合い競い合うことで、

新しい価値が生まれる学びの場をつくろうとするものです。

[テーマ] **歴史的空間の再編**
※金沢だけにとどまらず全国を対象とします

[キーワード] 「歴史文化遺産（建築、まちなみ、景観）」、「無形文化遺産（祭り、芸能、人）」、
「近代産業遺産」、「農業遺産（里山、里海）」、「ものづくり」、「民芸・工芸」、
「エコロジー」、「サステナビリティ」、「リージョナリズム」、「リノベーション」、
「コンバージョン」、「ノスタルジー」、「系譜学」など

[主 催] 歴史的空間再編学生コンペ実行委員会／金沢市

[日 時] 一次審査：2022年 10月 13日（木）
本 審 査：2022年 11月19日（土）～ 20日（日）

[会 場] 金沢学生のまち市民交流館

[賞 金] **グランプリ** …………… 30万円
準グランプリ ………… 15万円
第3位 …………………… 5万円

大会プログラム

Day 1　11月19日（土）

10:30〜12:00

**ミニ座談会
「歴代受賞者との対談」**

金沢学生のまち市民交流館
交流ホール

学生と年代の近い歴コン受賞者を招き、身近な視点から対談することで、学生たちがまちづくりに携わる未来の建築家を目指すきっかけを生み出す対談企画。

▶

13:15〜13:40

開会式

金沢学生のまち市民交流館
交流ホール

審査員や協賛企業を紹介。また開催にあたり、主催者を代表して宮下智裕委員長よりご挨拶をいただく。

▶

13:40〜16:40

二次審査

金沢学生のまち市民交流館
学生の家

作品一つひとつを審査員が回る巡回審査と議論により、Day2のファイナルプレゼンテーションに進出する10作品と、11位から20位までの順位が決まる。

審査方式

一次審査
（審査員7名）

熊澤栄二／小津誠一／村梶招子／山崎幹泰／吉村寿博／西本耕喜／林野紀子

▶ 各審査員

 1点票 ✕ **20**作品

30作品
決定

▷

二次審査
（審査員6名）

伊藤亜紗／金野千恵／西沢立衛／塚本由晴／宮下智裕／松田 達

▶ 各審査員

 2点票 ✕ **5**作品

 1点票 ✕ **10**作品

＋

［ディスカッション］

11位〜**20**位
決定

▷

Day 2 11月20日（日）

10:00〜12:00

記念講演＆トークセッション

金沢学生のまち市民交流館 交流ホール
「ー歴史的に振り返る with コロナー」をテーマに、講演者に伊藤亜紗氏、金野千恵氏、西沢立衛氏、モデレーターに松田達氏、コメンテーターに塚本由晴氏、宮下智裕氏を迎え議論する。

13:00〜18:00

ファイナルプレゼンテーション

金沢学生のまち市民交流館 交流ホール
上位10作品の出展者によるプレゼンテーション、質疑応答を経て、グランプリを決める最終審査の議論を行う。

ファイナルプレゼンテーション＆ディスカッション
（審査員6名）

伊藤亜紗／金野千恵／西沢立衛／
塚本由晴／宮下智裕／松田 達

▶ 10選出展者
　　［**プレゼンテーション**（2分30秒）＋ **質疑応答**（7分）］

▶ 各審査員
　　📚**5**点票✕**2**作品　📚**4**点票✕**2**作品
　　📚**3**点票✕**2**作品　📖**2**点票✕**2**作品
　　📕**1**点票✕**2**作品

＋

［**ディスカッション**］

グランプリ〜10位 決定

歴コンアーカイブ展

日時：11月7日（月）〜11月27日（日）
場所：金沢駅地下広場ライトコート
主催：歴史的空間再編学生コンペ
　　　　 実行委員会／金沢市

過去の歴コン上位作品を紹介するパネルを展示。2021年度のファイナリストたちの作品を通じて、「歴史的空間の再編」をたどる。併せて、歴コンや学生団体SNOUの紹介、石川県ゆかりの作品も展示し、コンペだけでなく地域の魅力も発信する。

審 査 員 紹 介

**美学者と建築家5名の計6名が二次審査、ファイナルプレゼンテーションにて、
出展作品をさまざまな視点から吟味し、批評する。**

審 査 員

東京工業大学 科学技術創成研究院 未来の人類研究センター長、リベラルアーツ研究教育院教授。MIT客員研究員（2019）。専門は美学、現代アート。もともと生物学者を目指していたが、大学3年次より文転。2010年に東京大学大学院人文社会系研究科基礎文化研究専攻美学芸術学専門分野博士課程を単位取得のうえ退学。同年、博士号を取得（文学）。

伊藤 亜紗

—

Asa Ito

—

東京工業大学
科学技術創成研究院
未来の人類研究センター
センター長

主な著書

『目の見えない人は世界をどう見ているのか』（光文社）

『どもる体』（医学書院）

『記憶する体』（春秋社）

『手の倫理』（講談社）

受賞歴

WIRED Audi INNOVATION AWARD 2017

第13回（池田晶子記念）
わたくし、つまりNobody賞

第42回サントリー学芸賞

金野 千恵
—
Chie Konno
—
京都工芸繊維大学 特任准教授
teco 主宰

1981年	神奈川県生まれ
2005年	東京工業大学工学部建築学科卒業
2005〜06年	スイス連邦工科大学奨学生
2011年	東京工業大学大学院博士課程修了、博士(工学)取得
2011年	KONNO設立
2011〜12年	神戸芸術工科大学大学院助手
2013〜17年	日本工業大学生活環境デザイン学科助教
2015年〜	teco主宰
2021年〜	京都工芸繊維大学特任准教授

主な作品

「向陽ロッジアハウス」(2011)、「en［縁］：アート・オブ・ネクサス」(2016)、「幼・老・食の堂」(2016)、「ミノワ座ガーデン」(2016)、「カミヤト凸凹保育園」(2019)、「春日台センターセンター」(2022)

受賞歴

東京建築士会 住宅建築賞 金賞
(「向陽ロッジアハウス」、2012)

日本建築学会作品選奨 新人賞
(「向陽ロッジアハウス」、2014)

第15回ヴェネチア・ビエンナーレ国際建築展
特別表彰(「en［縁］：アート・オブ・ネクサス」、2016)

SDレビュー 2016 鹿島賞
(「幼・老・食の堂」、2016)

日本建築学会賞(作品)
(「春日台センターセンター」、2023)

主な共著書

『WindowScape 窓のふるまい学』
(フィルムアート社、2010)

西沢 立衛
—
Ryue Nishizawa
—
横浜国立大学大学院Y-GSA
教授
西沢立衛建築設計事務所 代表

1966年	東京都生まれ
1990年	横浜国立大学大学院修士課程修了
1990年	妹島和世建築設計事務所入所
1995年	妹島和世とともにSANAA設立
1997年	西沢立衛建築設計事務所設立

主な作品

「金沢21世紀美術館※」(2004)、「十和田市現代美術館」(2008)、「ROLEXラーニングセンター※」(2010)、「豊島美術館」(2010)、「軽井沢千住博美術館※」(2011)、「ルーヴル・ランス※」(2012)、「済寧市美術館」(2019)、「ボッコーニ大学新キャンパス※」(2019)、「ラ・サマリテーヌ※」(2021)、他

主な受賞

日本建築学会賞※
(「金沢21世紀美術館」、2006)

ベルリン芸術賞※(2007)

プリツカー賞※(2010)

藝術文化勲章オフィシエ(2011)

村野藤吾賞(「豊島美術館」、2012)

吉阪隆正賞(2019)

※はSANAAとして妹島和世との共同設計及び受賞

1965年	神奈川県生まれ
1987年	東京工業大学建築学科卒業
1987〜88年	パリ建築大学ベルビル校(U.P.8)
1992年	貝島桃代とアトリエ・ワン設立
1994年	東京工業大学大学院博士課程修了
2022年	ウルフ賞

Harvard GSD、UCLA、Royal Danish Academy of Arts、Barcelona Institute of Architecture、Cornell University、Columbia University、TUDelftなどで客員教授を歴任。

塚本 由晴
—
Yoshiharu Tsukamoto
—
東京工業大学大学院 教授
アトリエ・ワン

主な作品

「ハウス&アトリエ・ワン」(2006)、「みやしたこうえん」(2011)、「BMW Guggenheim Lab」(2011)、「Logements Sociaux Rue Ribiere, Paris」(2012)、「恋する豚研究」(2012)、「尾道駅」(2019)、「ハハ・ハウス」(2021)

主な展覧会

「いきいきとした空間の実践」(ギャラリー間 2007)、「Tokyo Metabolizing」(ベニスビエンナーレ日本館 2010)

主な著書

『メイド・イン・トーキョー』(鹿島出版会)、『ペットアーキテクチャー・ガイドブック』(ワールドフォトプレス)、『図解アトリエ・ワン』(TOTO出版)、『Behaviorology』(Rizzoli New York)、『WindowScape』(フィルムアート社)、『コモナリティーズ ふるまいの生産』(LIXIL出版)、他

1968年	静岡県生まれ
1991年	芝浦工業大学建築学科卒業
1993年	芝浦工業大学大学院工学研究科修士課程(建設工学専攻)修了
1997年	南カリフォルニア建築大学(SCI-Arc)大学院修士課程修了
1999年	芝浦工業大学大学院博士課程工学研究科修了
2002年	金沢工業大学環境・建築学部建築学科講師
2022年〜	金沢工業大学建築学部建築学科教授

宮下 智裕
—
Tomohiro Miyashita
—
金沢工業大学 教授

受賞歴

金沢市都市美文化賞
(「アルミハウスプロジェクト」、2009)

Low Carbon Life-design Award 2009
「環境大臣賞」(「ATATA−KAYA」、2009)

北米照明学会
IES ILLUMINATION AWARD 2010(2009)

(社)アルミニウム協会賞「開発賞」
(「アルミハウスプロジェクト」、2010)

日本建築家協会環境建築賞(「A-ring」、2011)

第11回JIA環境建築賞 入賞
(「A-ring」、2011)

第4回サスティナブル住宅賞 優秀賞
(「A-ring」、2011)

科学ジャーナリスト大賞2018
(「世界を変えた書物展」、2018)、他

主な著書

『金沢らしさとは何か?』(北國新聞社 2015)、『境界線から考える都市と建築』(鹿島出版会 2017)

審 査 員

松田 達
—
Tatsu Matsuda
—
静岡文化芸術大学 准教授
松田達建築設計事務所

1975年	石川県生まれ
1997年	東京大学工学部都市工学科卒業
1999年	東京大学大学院工学系研究科建築学専攻修士課程修了
2001年	隈研吾建築都市設計事務所勤務
2002年	文化庁派遣芸術家在外研修員としてパリにて研修
2005年	パリ第12大学大学院パリ都市計画研究所DEA課程修了
2007年	松田達建築設計事務所設立
2011～15年	東京大学助教
2015～20年	武蔵野大学専任講師
2020年～	静岡文化芸術大学准教授

主な作品

「リスボン建築トリエンナーレ日本帰国展」
会場構成

「フラックスタウン・熱海」
（今村創平、大西正紀、田中元子と協働）

「JAISTギャラリー」
（林野紀子との共同設計）、他

受賞歴

第16回木材活用コンクール 木質デザイン特別賞
（「JAISTギャラリー」）

第42回いしかわインテリアデザイン賞2013
石川県知事賞（「JAISTギャラリー」）

日本商環境デザイン協会 JCDデザインアワード
2013 BEST100入選

日本空間デザイン協会 DSA Design Award
2013 空間デザイン賞、他

主な共著書

『記号の海に浮かぶ〈しま〉（磯崎新建築論集2）』
（岩波書店 2013）、『ようこそ建築学科へ! 建築的・学生生活のススメ』（学芸出版社 2014）、
『建築系で生きよう。 若い人に聴いて欲しい本音トーク』（総合資格 2015）、『建築思想図鑑』（学芸出版社 2023）、他

ファイナルプレゼンテーション 司会

林野 紀子
—
Noriko Rinno
—
金沢大学、金沢美術工芸大学
非常勤講師
りんの設計一級建築士事務所
歴史的建造物修復士

1997年	東京大学文学部美術史学科卒業
2000年	東京大学工学部建築学科卒業
2000～03年	阿部仁史アトリエ勤務
2005年	東京大学大学院修士課程修了
2005年	林野紀子建築設計事務所設立（金沢市・甲府市）
2009年	ベルギーゲント市滞在のため事務所休止
	※Gent univ.及びA+の協力を得てフランドル地方の現代建築調査を行う
2012年	事務所名変更（りんの設計一級建築士事務所）

主な作品

「JAISTギャラリー」
（松田達建築設計事務所との共同設計 2012）

「哲学者の家」（2012）

金澤町家保存改修事業

受賞歴

第16回木材活用コンクール・木質デザイン特別賞
（「JAISTギャラリー」）

第42回いしかわインテリアデザイン賞2013
石川県知事賞（「JAISTギャラリー」）、他

主な共著書

『ようこそ建築学科へ! 建築的・学生生活のススメ』
（学芸出版社 2014）

ミニ座談会
「歴代受賞者との対談」

日時：2022年11月19日(土) 10:30〜12:00
場所：金沢学生のまち市民交流館 交流ホール

建築やまちづくりを学ぶ学生と年代の近い、
過去の歴コン受賞者を招き、これまでの経験や
まちづくりに対する想い、学生時代の取り組みが
今にどう活かされているかなどを語っていただく。
参加者と身近な視点から対話することで、
学生が学び・考える機会となり、まちづくりに携わる
未来の建築家を目指すきっかけを生み出す対談企画。

歴コンが大きな転機に

北市：本日の司会を務めさせていただきます、学生団体SNOUの北市晃生です。よろしくお願いします。このミニ座談会は堅苦しい雰囲気を抜きにして、参加者の皆さんにもお話を振りながら、ざっくばらんに話し合いたいと思っています。ご登壇いただくのは、第4回歴コンでグランプリを受賞されました堀場絵吏さんです。堀場さんへの質問を通して、皆さんの今後の参考となる座談会になれば幸いです。

堀場：よろしくお願いします。今日はこのような機会をいただきありがとうございます。歴コンももう11回目ですが、私は第4回のグランプリで、まだ初期の頃の受賞者です。当時と比べると今は作品のレベルも上がっていて、特に模型は年々大きくなっている印象を受けますし、パネルもインパクトを大事にしつつ、例年の傾向も見ながらいろいろと工夫されていると思います。今日は私から、皆さんの将来に何か役立つ話ができればと思っています。

まずは自己紹介ですが、2011年に金沢美術工芸大学の環境デザイン専攻に入学して、卒業後はそのまま修士に進みました。修士課程修了後は4年間、三菱地所ホームというハウスメーカーで、住宅の設計と商品開発に携わりました。それからいろいろなご縁があり、今は東京都町田市の玉川大学で講師をしています。私の経歴は「THE建築」というよりは「美大の建築学生」なので、歴代の受賞者の中では少

し毛色が違うかもしれません。ただ、歴コンで受賞して何が変わったのかという点については、お話できるところがあると思います。私は修士1年の時に歴コンに応募しました。作品自体は学部の卒業制作をブラッシュアップしたもので、グランプリをいただけるとは全く想像していない中での受賞でした。それをきっかけにいろいろなコンペに応募して、連続で受賞することができたので、それを糧にハウスメーカーに入社していろいろな設計に携わり、大学教員というキャリアにもつながったと感じています。ですので、私にとっては歴コンで受賞した経験が大きな転機でした。

学生時代は、建築をゴリゴリやるというよりはまちの視点で考えたり、実際に空間をつくったり、抽象的な視点と具体的な視点を行き来しながら考えるのが好きでした。大学では住宅や公共施設といった設計課題がありますが、それよりも建物がどういうまちに建っているのか、建築の中で人がどう過ごすのかという、両方の視点を大切にしていたのです。歴コンに出展した卒業制作もまちづくりの視点でしたし、受賞したことを契機に修士制作も場所を変えて、まちづくりに関する研究テーマにしました。対象のフィールドは当時住んでいた金沢を選ぶことが多かったのですが、やはりその場所についてよく知らないとできません。地に足を付けて、自分の周りの環境から考えていくことが重要で、修士で取り組んだ計画の多くが金沢でした。まちをテーマにすると、自分の普段の生活圏内でウロウロ歩き回るわけですが、その中でも何度も行ってしまう場所があります。皆さんも何度も行くような場所があると思いますが、そういう場所が地元にあるのは素敵なことだと思います。私の場合、生まれは愛知なので金沢は新鮮で面白く、「ここを敷地に何かやりたい」と思う場所がたくさんありました。そこをフィールドにすることで自分の興味にも紐づき、元々好きな場所なので飽きずに取り組むことができて、モチベーションを保つ上でもとても良かったと思っています。

大学の時はずっとまちづくりに関わるテーマを考えていたのですが、鳥の目でばかり見るのではなく、拠点を設けてまちづくりのプランをつくろうと思い立ちました。学生では実現するのはなかなか難しいのですが、当時はまちで考えていき

堀場 絵吏 Eri Horiba

1992年	愛知県生まれ
2015年	金沢美術工芸大学美術工芸学部卒業
2017年	金沢美術工芸大学大学院美術工芸研究科デザイン専攻修士課程修了
2017〜20年	三菱地所ホーム 設計グループ アーキテクト
2020〜21年	三菱地所ホーム 商品開発グループ
2021年〜	玉川大学美術学部アート・デザイン学科 講師

たいという想いがあり、1／1で空間をつくったのです。学校の課題や自分の研究だけでなく、自分で何かをイチから実寸でつくることで見えてくることがあると考えました。金沢美大に建築学科はありませんが、大学院時代に建築研究会というサークルを立ち上げ、建築的アプローチで場所を読み取って設計することを主軸に、インスタレーションや家具をつくりました。歴コンの受賞を機にコンペに出すことに抵抗がなくなり、サークルでつくったものも「とりあえず出してみよう」とどんどん応募してみると何かしらに引っ掛かり、いくつか賞もいただきました。そこも歴コンが一つのきっかけとして大きかったと思います。

　一方で、やはり建物をつくりたいという想いがありました。デベロッパーという選択肢もあったのですが、まちづくりはとても時間が掛かり、自分一人でやり切るものではないので、とりあえず設計の武者修行をしようと考えて入社したのが三菱地所ホームです。それから3年間は東京の目黒・渋谷・世田谷といったエリアを担当し、新築の戸建て住宅の設計に携わりました。コンペの受賞歴があり、修士の時に2級建築士資格も取得していたので、入社してすぐ配属されたのは設計部の一番売上の大きな事業部でした。担当したエリアは高額な住宅が多い場所なので、なかなか経験できないような住宅をいろいろ設計させていただきました。住宅をやって良かったのは、クライアントがいて、対話の中から良いものをつくっていくという経験ができたことです。その後は商品開発部に異動となり、モデルハウスをつくったり、新商品の建材を開発したり、いろいろなことをしました。建材では当時、サステナブル外装材を開発してグッドデザイン賞を受賞したのですが、どういう切り口で説明すると人の心を動かせるのかといったところで、学生時代にコンペで受賞した経験が活きたと思います。会社には4年間しかいなかったのですが、大学院時代の恩師に声を掛けていただいて、今は玉川大学で、学生時代にやっていた地域に貢献するデザインや、1／1の制作を主に指導しています。

　歴コンを振り返ると、当時の自分のパネルを見ても、今の出展作品の方がとてもクオリティーが高くて、よく受賞できたなと我ながら思います（笑）。私の作品は一次審査では1票しか入らなくて、それも審査員にゼミの先生の知り合いがたまたまいて票を入れてくれて、それで首の皮が1枚つながったわけです。そこから何とか10選まで残って最終審査を迎えたのですが、まさか最終まで行くとは思っていません。プレゼンの用意を本当に全くしていなくて、非常に困りました（笑）。最終審査の発表時間はとても短いので、その中で何を言えるのか凄く悩んだ記憶があります。15枚弱のスライドで背景と設計について話して、どういう展望を期待しているかを詰め込み、審査員の記憶に残るような言葉選びをして、敷地をどれくらい読み込んだかを積極的に話したと思います。審査員の方々は建築のプロなので、設計内容ではなく、どういう想いでつくったかに焦点を当てました。だから実際につくったものというよりは、作品に対する想いが審査員に届いて受賞できたのだと思っています。発表資料では、まちに分散したいくつかの建築を巡ることで人とまちをつなぎ、まち全体を豊かにする歴史都市再生モデルを考えて、敷地の読み込みの部分に時間を掛けました。この敷地にはどういう要素があって、何を抽出して設計に落とし込んだのか、自分の体験を絡めながら説明したのです。そしてつくって終わりではなく、つくったものが地域にどう活きていくかを話しました。

建築をつくることへの不安

北市：ありがとうございました。それでは堀場さんに質問したいと思います。まずは、歴コンに応募した動機は何でしたか？

堀場：卒業制作をブラッシュアップして応募してみないかと、ゼミの先生に勧められました。歴コンがなければ卒業制作をブラッシュアップしていなかったかもしれません（笑）。

北市：ファイナルプレゼンテーションで印象に残っていることはありますか？

堀場：塚本先生がしゃがんで模型を見て、「自分がそこにいる」という視点で細かく見られていたことです。塚本先生もよくご存知の金沢の土地を、どう読み込んだのかを見てもらえたことが印象に残りました。

北市:グランプリを受賞したことで良かったことはありましたか?

堀場:たくさんありました。まず、歴コンがなければ卒業制作をブラッシュアップしていなかったです。ただ、実はブラッシュアップする前に、別の卒業設計のコンペでも受賞していて、自分の作品の良いところや、自分が考えたことを追求するとどこまで行けるのかを知るきっかけにもなりました。

北市:それでは歴コンから少し離れた質問で、堀場さんはなぜ建築の道を選んだのでしょうか?

堀場:父は飛行機をつくって、叔父はロケットをつくって、祖父は日本画を描いて、書道をやっている人や楽器をつくる人もいるなど、ものづくりのバラエティに富んだ家族に生まれたのですが、建築をやっている人がいなかったので、自分は建築のスペシャリストになろうと思いました。人がいる場所づくりにも興味があったので、そういうところから建築を目指しました。

北市:会場の参加者にも「なぜ建築を学んでいるのか」を聞いてみたいと思います。いかがですか?

参加者:父と祖父が屋根屋の職人で、僕は3代目を継ごうと思っていたのですが、高校2年生の頃に、それとは別の道を模索して建築をやろうと思ったのがきっかけです。

北市:では隣の方はいかがですか?

参加者:工作や絵を描くのが好きで、高校の文理選択で迷ったのですが、建築では歴史も学ぶなど、文理のどちらもできると思い建築を選びました。

北市:最後にもう一人お願いします。

参加者:自分は高専出身ですが、中学生の時に高専のオープンキャンパスで建築学科の模型の展示を見て、それがカッコ良くて印象に残り建築学科を選びました。

北市:ありがとうございます。それでは堀場さんへの質問に戻りたいと思います。社会に出て働くことを学生時代はどう考えていましたか?

堀場:元々まちの視点で考えて、人がまちの中でどう生活していくかに興味があったので、地域活性化の側面をずっと大切にしていました。社会に出て働くことは、社会で生活する人々に何らかの良い効果をもたらすことだと考えていまし

たね。だからお金を稼ぐことだけではなくて、自分の仕事を社会にどう活かせるかをモチベーションにしていました。

北市:僕は社会に出て働くということがまだわからないことだらけで、不安な気持ちの方が大きいのですが、堀場さんはあまり暗い気持ちを持たずにいたということでしょうか?

堀場:あまりネガティブなことは考えていなかったです。ハウスメーカーに入社して、希望の部署に入れたことで、モチベーションを保つことができました。入社1年目はわからないことや覚えなければいけないことが多かったけれど、それ以上に「自分がやりたかったことができる」ことがとても大きかったですね。

北市:皆さんはどうでしょうか? 社会に出ることを楽しみだと思っている人は手を挙げてもらえますか?

堀場:ゼロですね。

北市:逆に不安だと思っている人は手を挙げてください。

堀場:たくさんいますね。

北市:どういったことが不安でしょうか? そちらの方はいかがですか?

参加者:建築をつくることはお金が掛かり、人の命にも関わることで責任があり、自分が線を引いてそれが出来上がっていくのはとても怖くて不安です。

堀場:それはとてもよくわかります。私が入社した時に楽しいと思えたのは怖いもの知らずのところもあって、でもつくればつくるほど怖いと思うようになりました。設計は突き詰めて考えなければいけない仕事であり、とても責任を感じましたね。ただ、やはり最初からできる人はいないので、失敗とどう折り合いをつけて成長していけるのかが大切で、私の場合は「大丈夫、成長できる」と自分を励ましていました。

北市:ではもう一人お聞きします。

参加者:そもそも就職できるか不安です。

堀場:自分と専門が被る人がいないところにあえて飛び込むのも有りだと思います。三菱地所ホームではそれまで、美大出身で大学院の時に建築士の資格を取っている人がいなかったので、そこで差別化ができて希望の部署に入れました。ニッチトップを狙っていくのも一つの道だと思います。

北市:就職活動は大変でしたか?

堀場：大変だった気がします。東京に出ようかなという気持ちが漠然とあったので、そうすると就活で東京に行くのに金沢から2時間半ほど掛かり、お金も掛かります。最終面接でしか交通費が出ないことが多く、何度も行けないので、他社の面接と上手く被せて「この日は都合があるので」というアピールもしながら、地理的な不利を不利とは捉えず上手く交渉材料に使っていました。

北市：それでは少し難しい質問になりますが、堀場さんにとって建築とはどういうものですか？

堀場：難しい質問ですね。学生時代には、建築は対象を深く知ることだと思っていました。たとえばアートでは自分自身と深く向き合うという側面がありますが、建築はその空間を利用する人、携わる人などいろいろな関係者がいて、さらにその場所など、知らなければいけない対象が多いです。できるだけ対象の視野を広げて、それらを全部網羅的に深く知ることがとても大事だと思っています。

まずは仲間をつくることが大事

北市：では次に、もし一つ願いが叶うとしたら何をお願いしますか？

堀場：北市さんは何をお願いしますか？

北市：何でしょうね、将来の安定というか、そうなるとお金が欲しいという話になるかもしれません。

堀場：私は健康に生きることもとても大事だと思っています。長く続けていくためには健康でないとできないので、そこを考えるのは大事だと思います。

北市：参加者の皆さんは、一つ願いが叶うなら何をお願いしますか？

堀場：建築に関わることにしましょう。

北市：後ろに並んでいる3名の方々はいかがでしょうか？

参加者：住宅の設計をしたいので、希望の部署に行きたいです。

参加者：実際に職に就いて、たとえば設計の仕事でも社会の中でこれが正しいことなのか、間違っているのかという不安があると思っていて、その違いを知りたいと思います。

北市：僕も設計の授業を受けていて、個人の考えだけでは偏ってしまうので、設計の案を先生に提出して、別の第三者の先生の意見も聞いて、この建築が本当に必要なのかといったことがわかればとても便利だと思います。

参加者：大学で建築の指導者になりたいです。元々企業で働いていて、どういうタイミングで指導者になったのかお聞きしたいです。

堀場：私は社会人経験も4年しかないですし、大学の中でも若い方の部類に入ります。一般論で言うと、社会で活躍して教員になる人が建築関係では多いでしょうし、そういう方は実技的な経験を十分に積んでいるので良いのかもしれません。私の場合は、大学の建築研究会で有志学生を集めて、修士の2年間でその学生たちに指導したという経験が教員の基盤になっているのかもしれません。いろいろなことが重なって偶然にも教員になったので、いろいろなキャリアがあると思います。ただ、何かしらのプロフェッショナルになることや、人に何かを教えた経験があることは、いずれにしてもプラスに働くと思うので、誰かと一緒にものづくりをするとか、誰かに教えるとか、つくったもので社会に貢献していくことで、修士を修了していればいろいろなキャリアが拓けると思います。

少し前の質問に戻って、つくるのが不安ということですが、皆さんは敷地を選んでプログラムを考えて、構造や意匠、環境まで考えて、一人で何名分もの職業の仕事をやっている状態にあると思います。その中で、自分が苦手だと感じている部分もあるかもしれませんが、実際に社会に出ると一人で何でもできる人はいません。いろいろな分野のプロフェッショナルとチームを組んで建築をつくっていくことになります。だから全部をできないからダメだと思う必要は全くないです。どういう会社に入るのか、そこの規模感にもよりますが、あまり不安に感じなくてもいいのかなと、私は結構楽観的に思っています。

北市：では次に移りたいと思います。堀場さんがお仕事をする上で一番大切にしていることは何ですか？

堀場：失敗を隠さないことですね。失敗を隠すとやはり後にもの凄く響きます。建築は特にそうで、これはまずいなと思っ

たらすぐに周りに相談していました。でもそれは全ての仕事についても同じで、隠さずにきちんと話すことで、本当に困った時に助けてくれる人も増えていきます。

北市：では、学生の頃にやっておいて良かったこと、やっておけば良かったと思うことはありますか？

堀場：学部生の時は、修士に進むので結構のんびりしていたのですが、外の活動にできるだけ参加するようにしていました。プロジェクトに参加することで、活動にそれほど貢献していなかったとしても、「意欲的に活動していた」という就活に役立つ経歴ができます。一方で設計の基礎的なところは、先生に言われたことをもっときちんとやっておけば良かったとは思いますね。

北市：学校の授業だけではなく、サークルなどの課外活動も大事だということですね。

堀場：サークルがなければつくればいいですし、私も建築研究会をつくりました。それも含めて良い経験になると思います。何かをやろうとする時は頼りにできる友人が一人、二人いると、「人が集まったから何かやろうか」という雰囲気になってくるので、まずは仲間をつくることが大事だと思います。

北市：やはり建築は一人でできるものではなくて、いろいろな人が関わってできるのだと思います。コミュニケーションを取ることについて、何かアドバイスはありますか？

堀場：コミュニケーションが上手く取れなかったとしても、その場にいること自体がとても大事だと思います。全然発言してくれなくても、毎回来てくれるとこちらから話し掛けたいと思いますし、参加し続けることは意外と難しくて、参加することができていればコミュニケーションは追いついてきます。だから皆さんが今ここに参加していることも、私は素晴らしいと思います。

北市：今までお仕事をされてきて大きな失敗をしてしまったエピソードはありますか？

堀場：最初に配属されたのは事業部の中でも一番難しいところで、大きな仕事を任せてもらえていたのですが、ある時、地下1階、地上2階の大きな住宅を混構造でつくることになりました。混構造であることに加えて、お客様の住宅のデザ

インのイメージに自分の設計力が追いついていないと感じた時はとても歯がゆい思いをしました。自分ができると思っていた納まりが、実はできないと後からわかることも多くて、設計の難しさを感じました。あの時、もう少し経験があればスマートにできたかもしれないと思うことはあります。これをきっかけに、デザインを実現する上での構造についてよく考えるようになりました。

感性を日々磨かなければいけない

堀場：今までの私の話で感じたこと、感想など伺いたいのですがいいですか？

北市：はい、お願いします。

堀場：では前にいる方はいかがですか？

参加者：同じコンペに参加している後輩として、実務経験があって教員として働いている方からいろいろな話が聞けて面白かったです。

参加者：僕も貴重なお話が聞けて良かったです。とてもわかりやすくて、聞き入ってしまい楽しかったです。

堀場：ありがとうございます。皆さん優しい感想ですね。

北市：僕は質問ですが、就活の時、ゼネコンなどは受けなかったのですか？

堀場：大変そうだから受けなかったです（笑）。美大出身なので、ゼネコンだと入ってすぐには実務についていけないかもしれないという不安がありました。まちづくり系の会社は受けていて、選考も進んでいたのですが、三菱地所ホームから早いうちに内定をもらって悩みました。その時に、「早く自分でつくってみたい」という気持ちがあったのと、事業を展開しているエリアや内容、ブランド力、それから木造を扱っていることも考慮しました。隈研吾がデザイン監修した三菱地所のCLTパビリオンも三菱地所ホームが施工しているというつながりがありました。ハウスメーカーだけれどまちづくりにも関わっていて、そういう視点も含めていいなと思い入社しました。

太田：SNOUの運営代表の太田淳之介と申します。設計で軸にしているところ、一番力を入れているところは何です

か？ 設計の授業の講評会で皆の発表を聞いていると、人によって着目しているところがかなり違うと感じました。

堀場：ハウスメーカーにいた頃は、住宅は屋内が快適であることが大前提でしたが、一方で三菱地所グループには「人を、想う力。街を、想う力。」という理念があって、住宅は外観が大事だということも当時は考えていました。屋内はその人の暮らし方が強く反映されるけれど、住宅が建って、それによって街並みがつくられていくので外観もとても大事です。間取りをつくってからだと後戻りできなくなるので、まず建物のボリュームをつくって、外観をつくってから中を入れ込んでいました。そうすると自分が想像していなかったような形が出てくることがあります。そしてまちと家との接続も考えていました。

北市：設計では敷地などの下調べがとても大事ということですか？

堀場：それもありますが、住宅は個人の家なので、いろいろな趣向を反映するものです。でも、まちの中に建つことを考えて自分の家をつくる人はあまりいないので、その部分の提案は設計者がやるべきだと思います。また設計のためには、自分の感性を日々磨かなければいけません。インプットを怠ると何も出てこなくなってしまうので、「インプットが足りていない」と感じた時はいろいろなものを見たりしていますね。それから、意匠は技術があってできることなので、技術がなくてできないのであれば技術開発が必要です。商品開発の部署にいた時は、「工法があるからこれができる」、「こうやりたいからこの工法でつくる」という両方の側面から開発していました。

北市：ありがとうございます。もう一度、質疑応答に戻りたいと思います。質問はありますでしょうか？

参加者：ご家族の背景がとても面白く、ご家族の方々が建築をどう見ているのかをお聞きしたいです。

堀場：家族は自分のことを追求している人たちばかりなので、他の人がやっていることにあまり興味がなかったりします。ですが、いろいろな人が集まっているというバックグラウンドを常に感じて、それを設計に活かすようにしています。また、それぞれいろいろな立場があるので、「その立場だった

らどうだろう」と自分のバックグラウンドと照らし合わせながら、原点に立ち戻ることはあります。

参加者：今後こういう建築をつくりたい、こういうことをして社会に貢献していきたいなど、展望をお聞きしたいです。

堀場：今は大学で働いていますが、会社員に戻りたいという気持ちもあります。今は自分の技術や蓄積してきたインプットがある状態ですが、数年経つとそれは薄れていきます。インプットのためには社会に出て、設計やものづくりをしなければいけないと思います。次に何をするかは考えていませんが、商品開発をしていた時の、「ないものをつくって社会に出す」という経験はとても楽しく、やりがいも感じていたので、商品開発のようなことはやりたいです。また、自分で設計するよりも、教員も含めたこれまでの経験を活かして、いろいろな人と共同でまちの建物をつくりたいです。

参加者：授業の課題では1／100で図面を描いていますが、実際に会社で建築をつくる際は1／50などもっと細かく設計すると思います。その差がとても大きいと思っていて、それは会社に入ってから身につくのか、それとも学生のうちから何かやっておいた方がいいのか、どうお考えですか？

堀場：学生のうちにそういう経験を持てれば素晴らしいと思いますが、どういう会社に入るのかにもよります。ハウスメーカーではツーバイフォー工法と決まっていたので、構造のディテールを描くことはあまりなかったです。企画があって工法があって、その上でデザインして、たとえば何mまで空間を飛ばせるなどある程度ルールが決まっていたので、入社してからそういったものを覚えました。ルールのない会社に入社するのであれば、構造を勉強するとか、小さなものでもいいから矩計を覚えておくとか、基本的なことは必要だと思います。ただ、入社した段階で「実施図面を描けます」というのは相当なレベルだと思うので、入ってから覚えれば良いと思います。

北市：それではこれでミニ座談会を終了したいと思います。ご参加いただきありがとうございました。堀場さん、ありがとうございました。

堀場：ありがとうございました。

歴史的に 振り返る with コロナ

日　時：**2022年11月20日（日）**10:00～12:00

場　所：**金沢学生のまち市民交流館 交流ホール**

概　要：歴史的空間再編コンペティションでは、審査会に先駆けて、審査員たちによる記念講演とトークセッションが行われた。今年度の講演者は伊藤亜紗氏、金野千恵氏、西沢立衛氏の3名。伊藤氏からは身体的な経験とその記憶との向き合い方について、金野氏からは近年のプロジェクトについて、コロナ禍で感じたことを交えて語られた。そして西沢氏からは、歴史や地形と建築の関係を考えたプロジェクトと、コロナ禍に取り組んだプロジェクトについてご紹介いただいた。

歴史と記憶

伊藤 亜紗

▶ 建築も身体もそこにないものを背負っている

　皆さんおはようございます。伊藤と申します。私は「新型コロナウイルスを受けて」というテーマで講演を用意していたのですが、昨日の皆さんの発表を拝見するとあまりコロナは関係ないのかなと思い、皆さんの発表を受けて考えたことを話すという形にさせてください。テーマとしては「歴史と記憶」ということで話したいと思います。

　私は建築に関しては全くの門外漢です。専門は美学という学問で美しい学と書くのですが、イメージとしては哲学の兄弟みたいなもので、言語を使って分析する学問です。哲学と違って言語化しにくいものにフォーカスを当てて、それをあえて言葉を使って分析しています。その中で、人間の身体感覚や感性、芸術作品を見た時の印象といったことを扱っているのですけれど、私は特に人間の身体の感覚に関心を持っています。当然、世界に存在する身体は一つずつ違っていますので、その一つひとつの身体の差異のようなものを大事にしたいと思い、さまざまな障がいを持った方にお話を聞いています。視覚障がいや吃音、認知症など、さまざまな障がいを持つ方にお話を聞き、「その人のその身体だから見えている世界とはどういう感じなのか」、「その身体をどうやって使うのか」など、そういったことを調査しています。昨日の皆さんの発表を伺って、私が生きている世界とは真逆だという印象を持ちました。私が研究で見ている世界は、それぞれの身体がその身体でどうやっているかという話を総合していく方向で、基本的にボトムアップなのです。一方で建築は、最初につくることがあってトップダウンだと思います。また、建築はコントロールして設計するという発想だと思いますが、人間の身体は基本的にコントロールしきれないものを抱えているので、何か制御を逸脱していく存在です。その意味で、おそらく逆の世界だからこそ上手くお互いを補完し合うような存在なのかもしれないと、とても強く感じました。

　歴史的な空間を再編するということでは、身体についても同じことをやっていると思います。たとえば認知症の方は、空間がどんどん再編されていくような世界に生きています。少し天気が違うだけで空間が全く違って見えるし、知っている空間なのに全く別に見えてしまう。ですが同時に、全く初めて来る空間だけれども、何か知っている場所に感じてしまうということもあって、両極なのです。健常者はとても鈍感に生きていて、とてもざっくりと世界を認識しています。けれども、障がいを持ったり、認知症になったりすると、本当にちょっとした細かい刺激をどんどんキャッチして、その一個一個の差異が全部情報として入ってきてしまい、そういうものをきっかけに勝手に空間が再編集されていく。そういう世界を生きていらっしゃると思います。だから歴史ということで言えば、時系列から解放されるとも言えます。開放される側面とそれを見失っていく恐怖。その両方を持っていらっしゃるのだと思います。

　さらに記憶ということで言うと、記憶と歴史は似ていますが違う部分があって、記憶は存在することと存在しないことを束ねる概念です。建築も身体も物理的には存在するけれど、同時にそこにないものを背負っていて、それが記憶だと思います。

ぼけによる歴史的空間の再編

たとえば障がいを持っている方の大部分が、最初は健常者として生まれ、身体で経験値を積んできたけれども、人生の途中で障がい者になった中途障がいです。そういう人は身体を2個持っているということを強く感じます。つまり、経験値として持っているのは健常者の身体ですが、現在の身体は障がいを持っている、OSとアプリケーションが合っていないような感覚です。その中で本当にさまざまな「存在する」・「存在しない」というパターンがあって、研究をしていくととても面白さを感じます。たとえば、中途で全盲になったある方は、最初は普通に目が見えていたのですが、高校生の時に目が見えなくなりました。しかし、私がインタビューをしている間、その方は全盲だけれどずっとメモを取っているんですよ。なぜメモを取っているのかと聞くと、書くということがその人にとってはとても重要なのです。見えていないけれども、頭の中で想像しながら、自分がどういう風に手を動かして書いているかがかなり正確にわかっていて、数分経ってから自分が書いたメモを遡ってマークや印を付けることもできます。それくらい正確に空間を認識しているのです。見えないという現状のOSの中で、「書く」という旧式のアプリケーションを動作することをその方はやっていて、それが必要なくらい書くことが切実だと言います。どういう意味で切実なのかと聞くと、目が見えなくなって障がい者になると周りの人のサポートの手がどんどん入ってきて、それはとても助かるけれど、自分のニーズと関係なく手を差し伸べられるので、何か自分がとっ散らかる感覚がとてもあって、その際に文章を書くとか、絵を描くといったことをしていると、目が見えていた頃のアイデンティティに立ち戻れるというのです。線を一本引いて、その線に対して次にどういう線を引こうかと考えて、自分はどうしたいのかと迷う時に、それがとても具体的な形で顕在化してくる。「迷う」という作業が自分にとって「書く」という作業で、それが重要だとおっしゃっていました。だから、書く能力が真空パックされている方なのです。

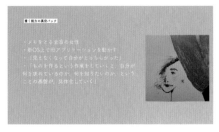

書く能力の真空パック

▶ 身体的な経験とその記憶との向き合い方

もう一つ記憶ということで言えば、必ず出てくるのが幻肢（ファントム・リム）の話だと思います。幻肢というのは、先天的に持っていた手などの身体の部分を癌や交通事故で切断した後に、物理的にはないその手を、本人は存在するように感じるというものです。だから二重の身体を生きているということですが、困るのが幻肢痛と言って、痛みがずっと消えずに感じられることです。それをどう改善するか研究が続けられていて、最近はVRを活用して治す方法もあります。しかし、幻肢痛がなくなればいいかというと実は複雑で、幻肢痛というのは自分にはかつて手が存在したという痕跡であり、それをなくすことは痛みが消えるという意味ではいいのだけれど、「手がなくなったこと」をなくすという二重の喪失になります。当事者としてはそこに葛藤があって、幻肢痛がなくなると、逆に喪失した悲しみに変わるのではないかという想いがあって、「なくす」ことにも何段階かのレベルがあるということです。また、中途障がいではないのですが、人間の記憶が生理的な能力も変えるという話があります。先天的に聴覚障害のある方がいて、物凄い読書家で本をとてもたくさん読んでいます。そうすると、生理的には耳が聞こえないのですが、本を通じて「聞こえるとはどういうことなのか」を相当知っているのです。たとえば

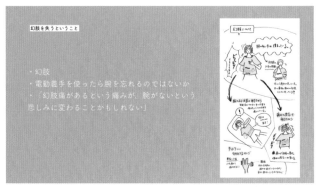

幻肢を失うということ

散歩している時に、国木田独歩の文章がハッと想起されて、「独歩ならこの空間を
こういう風に感じるのだろう」といったことがほとんど自分の経験のように補完されて
いくのです。この方の言葉を借りると、身体障がいというのは他人の身体と感覚を
簡単に「間借り」できて、自分の中に余白があるから、他の人の感覚がワッと入って
くるということで、後天的に身に付けた文化的な知識・記憶は、その人の聞こえな
い身体の一部になっていきます。そうして身体に蓄積していく経験値・記憶というも
のとどう付き合うかが、障がいの問題でとても大きく、記憶とは何なのかを考えさせ
られます。自分の記憶とどう付き合うかということのゴールがどこにあるのかがとて
も面白く、答えは一つではありません。

　私の知人でCIDP（慢性炎症性脱髄性多発神経炎）と
いう難病の方がいます。神経を包んでいる髄鞘（ミエリン）
という組織が剥がれていって、神経伝達物質がどんどん
漏洩してしまうというものです。だから、脳が命令を出しても
きちんとその通りに体が動きません。たとえばコップに手を
伸ばして掴もうと思っても、掴む直前で手が震えてしまって
掴めないのです。そこでどうするかというと、コップの場所
を確認して目を閉じて手を伸ばすと掴める。調整しようとす
る負荷が減るので掴めるのです。基本的には治らないと言
われる難病で、思い通りにならない体や痛みとどう共存し

「治る」はいつも「やってくる」

ていくかをずっと探っているのですが、「こうすればいい」という解決法が方法論的
に言えず、「ここが自分にとって丁度いいポイントで治る」というゴールがいつもどこ
かからやってきます。その人ならではのゴールが決まっていて、全く一般論的には
言えないのですが、それは病気とはあまり関係ないところからやってくるのです。そ
の人が大学時代に勉強したことや、ずっと続けている趣味など、病気と関係ないこ
とが実は病気と上手く付き合うことに利用できるという、そのゴールの決まり方が毎
回とてもユニークで面白いです。このCIDPの方は在日朝鮮人3世で、在日朝鮮
人として生きてきたことが病気と付き合う方法を発見するのにとても役立ちました。在
日朝鮮人のネットワークがあって、自分たちの出自がもたらす苦しみを皆で分かち合
う文化みたいなものがあって、病気に対してもそれと同じことができたのです。この
方は最初、自分だけが体が痛くて痺れて思い通りにならない、このしんどさは誰も
わかってくれないと思っていました。けれども、たとえば自分のお子さんに万引きを
する盗癖が出ると、もしかするとお父さんが病気だから、その痛みを子どもなりに引
き受けているのではないかという風に思い、家族が自分の病気を分業していたこと
に気づくのです。そういう発見が在日朝鮮人として生きてきたこととつながって、そ
う思えた時にこの痛みが自分にとって存在しても良いものに変わったとおっしゃって
います。体がいつも痺れていて、正座をするともっと足が痺れる、それがとても幸せ
だとおっしゃっていて、本当に体が教えてくれる認識なのです。

　知恵というのは悟りみたいなものでとても果てしないけれど、そういうものを通し
て人間の経験は変わっていく。そういったことに日々向き合っています。私からは
身体的な経験とその記憶との向き合い方という話をさせていただきました。今回の
テーマである歴史においても、おそらく建築の物理的なことを考えるだけでは済ま
ないもので、目に見えない記憶の問題というものにも関わらなければいけません。今
日の話がそのヒントになればいいなと思います。

建築設計の可能性

金野 千恵

▶ 空間が穏やかな時間を支え風景が持続していく

　おはようございます、金野です。今日のテーマは「歴史的に振り返るwithコロナ」という結構難しいお題だと思いました。なぜ難しいと感じたかというと、それは、建築が出来上がるまでにとても時間が掛かるから。コロナ禍になって2年半くらい経ちますが、その中で自分たちが感じて考えことを創作に投影しても、まだそれが形にならず、途上にあるという感じがして、作品を通してコロナを語るのはまだ道半ばと感じるからです。ですが、コロナがあって気づいたことなども含めて、今日は話をできればと思っています。

　私は、このネパールのバクタプルというまちの、旧市街地に見られる小さな屋根付きの半屋外空間の写真をレクチャーでよく見せています。その半屋外空間はパティと呼ばれる建築形式で、旧市街を100mほど歩くと必ずと言って良いほど見かける開かれた場所です。広場や階段井戸、ヒンズー教の祠や、仏教の祠と一緒にあって、祈りに来た人や水を汲みに来た人がここで休むという場所になっています。ここでは、おじいさんと小さな子どもが明らかに血縁関係にはないけれどもリラックスして体を寄せていたり、新聞を読んでいる人がいたり、カードゲームをする人や農作業をしている人もいる。そういう家でもない、仕事場でもない居場所になっていて、そこで皆が自由に時間を過ごしています。こういう空間があれば、制度をつくって共生や、多世代交流の機会をつくろうとせずとも、自然にこうした風景を生み出せると感じます。ネパールはGDPなどの経済指標で言えば豊かとは言えない国で、こういう生活に立ち戻ろうというのは現実的ではないと思いますが、こうした空間を体験すると、ここがあることで穏やかな時間が支えられ、風景が持続していると感じます。そして、こうした風景を持続させるために皆が協力して掃除やメンテナンスなどをしているのです。そういうことを、私たちの歴史の中でも思い起こして、自分たちが今手繰り寄せたいものが何かを、探究しています。私は東京工業大学の塚本由晴先生のところで、修士から博士論文までこのような屋根付きの半屋外空間をテーマに研究してきました。その延長として、10年ほど前から自作でもこういう屋根の付いた半屋外空間を設計しています。最初につくった住宅「向陽ロッジアハウス」では、北側に住宅、南側に庭、真ん中にロッジアと呼ぶ半屋外空間をつくり、生活や庭のものがロッジアにはみ出して暮らしを彩る、という設計をしました。住み手が日常的にここで過ごしたり、雨の日でも洗濯物を干したり、地域の人が遊びに来るような場所にもなる。こうしたロッジアのような空間をテーマに据えながら設計を続けています。

　特別養護老人ホームの敷地境界に80mの長さ、1.4mの高さであった壁を全て解体し、まちに開いた庭をつくるというプロジェクト「ミノワ座ガーデン」です。津久井やまゆり園

スルヤワディ広場　3Paties, 15C- Bhaktapur, Nepal

バクタプルのスルヤワディ広場

での障がい者の殺傷事件があった年に計画したもので、やはり地域とつながろうということで2016年に実現したプロジェクトで、すでに地域の人々も日常的に遊びに来る庭になっています。70名くらいの方々がここにお住まいでしたが、こういう入居施設の多くが、コロナ禍の感染症の恐怖からほとんど面会ができなくなり、風除室越しに手を振るといった状況になっています。しかし、このミノワホームでは、こうした外の居場所をつくったがゆえに庭での面会が可能になりました。先ほど伊藤先生もお話しされていましたけれども、個人の安全で安心できるといった感覚は人それぞれで、日によっても微細な違いがあって、今日はすごく調子がいいから人と話したいけど明日は無理というように、1年の中でも違うし、時間によっても違うということが、この設計、コロナを経て感じられました。たとえば、屋外の広場や公園に行くととても思い切り遊べている人が、施設の中に入った途端少し不安になったり、人と人の距離に関しても、個人差があるのだと実感しました。研究していたこともあって、いつも屋根付きの半屋外空間を設計していたので、保育園の設計では分棟をつなぐ大きな回廊がコロナ禍でも有効でした。日常の活動もほとんど扉を開けて行い、ご飯の時も好きなところで食べていいよという園なんですね。そうすると庭で食べる子もいれば、廊で食べる子、室内の窓辺で食べる子もいる、そうした多様な環境を選べる、あるいは環境の多様さがシームレスに内外でつながっている、ということが重要だったのだと改めて気づきました。

ミノワ座ガーデンのまちに開いた庭

屋根付きの半屋外空間のある保育園

▶ 生き方の補正に丁寧に向き合い、風景をつくる

最後に、最近竣工したプロジェクトを紹介します。神奈川県の愛川町という鉄道も通らないような場所での計画です。これは2022年3月に竣工したのですが、計画は2015年に始まり、完成までに6年半ほど掛かりました。ここは1970年代に開発された住宅地で、地域の社会福祉法人の方に最初にお声掛けいただいた時には、この地域の中心地にある、木造長屋のシャッター商店街のシャッターの一つを開けて訪問介護の事業所をつくりたい、というお話でした。その当時、この商店街の隣に、波々形の屋根が特徴的なスーパーマーケット「春日台センター」があって、そこの店主と話していたら「近隣に大型ショッピングモールが来てから、もう経営がしんどい、閉店する」と言い出した

のです。それを聞いて、商店街の一箇所を改修しても、そもそも人が居なくなってしまうのではと感じ、事業者と相談して、このまちに何が必要なのか、一から考え直すことになりました。地域の人と話す寄合い「あいかわ暮らすラボ（通称「あいラボ」）」を立ち上げるところから始めました。ここではいろいろな議論があって、外国籍の働き手がたくさん住んでいて、その子どもたちが学校の勉強に遅れを取って不登校になっていることや、それを支える寺子屋の活動があること。田舎町なのでオシャレなカフェなどがなくて、若者が集うのはコインランドリーであること、西暦800年頃からの農家を引き継いで来ている人もいるなど、それまでは見えていなかった地域の質感や、生態系、ネットワークがわかってきました。そういう方々とコミュニ

ケーションしていく中で、この先、どういう拠点が必要なのか、約3年間、その枠組みづくりを考えました。最終的に立ち上がったのは、3つの分棟を大きな屋根でつなぎ、まちの軸線や活動を引き込むような拠点です。認知症の方の住まいや高齢者の通いのサービス、障がいのある子どもの学童や、障がい者の方が働く場所としての洗濯代行やコロッケスタンド、外国籍の子どもが学ぶ寺子屋や地域に開かれたコモンズルームなど、7つの機能の複合となりました。これだけ多くのプログラムがあると、大きな建物をつくってセキュリティなども管理する方が楽なのですが、ここでは極力、まちの軸線があるところに道を通し、子どもが駆け回ったり、地域の人が散歩がてら通過できるようなつくり方をしました。ここでも大屋根の空間を使って、用はなくても誰でもふらっと立ち寄れる空間をつくっていますが、加えて、建物の屋根が敷地境界を越え、まちの敷地の上空を借りているという特殊な設計をしています。というのも、以前あったスーパーマーケットも庇が飛び出していたからです。私が最初に訪れた時にも、皆が庇の下で立ち話をする風景を見ていたので、越境を可能にする術はあるだろうと考えま

春日台センターセンターの外観

した。また、この地域の住民は、農作業の中で皆と縁側で過ごすといった記憶が残っている方々なので、「以前は可能だったのだから今回もできますよね、これはこのまちの文化ですよ」といった話を行政の方々と協議しました。そうしたさまざまな協議を経て、6年半掛けて実現した建築です。核となる機能は、高齢者や障がい者のための福祉施設ではあるのですが、今では小学生も高校生も、そういう事情をお構いなしに遊びに来て、高齢者と会話している風景があります。

老若男女が朝から晩まで、この建築の内外あらゆるところに腰を下ろしてくつろいでいる様子を見ていると、それぞれにとって心地よい場所が違うということがよくわかります。私の事務所では最近、こうした福

春日台センターセンターの内観

祉の建物に関わることが多いのですが、たとえば畳1畳分くらいの暗い部屋が好きという人がいたり、とても音に敏感な人がいたりと、「私はこんなに聞こえていなかった、見えていなかった」と、自分の空間への感覚の鈍さを感じることが多々あります。そういった微細な環境と、地域の積み重ねてきた暮らし方やつながりみたいなものを、どう建築が支えていけるのか。あるいは今後、それを維持していくために皆が協力したいと思える環境を如何に立ち上げるのか、ということが重要だと思っています。

コロナ禍を経て、より一層、個々の異なる感覚を持っても安心して過ごせる空間づくりが大切だとも感じますし、しかし同時に人や地域とつながる暮らしを再考するきっかけになっていると思います。こういう、生き方の補正のようなことに一つひとつ丁寧に向き合い、風景をつくることに関わることが、これからの建築設計の可能性の一つだと感じています。

人間の活動と建築と歴史の関係をつなげる

西沢 立衛

▶ いろいろな交流が生まれる美術大学のプロジェクト

　西沢と申します。よろしくお願いします。「with コロナ」というテーマは少し難しかったので、最近のプロジェクトについて説明をさせていただきたいと思います。私は個人で設計事務所を営みながら、同時に妹島和世という建築家と共同設計もしています。妹島という人は私の共同設計者でもありますが、元々は師匠であった人で、今もある意味で師匠であり続ける人ですが、一緒に設計したり、別々に設計したりという形でやっています。

　最初に紹介するのは妹島と一緒に取り組んだプロジェクトです。工事に3年ほど掛かりましたがそろそろ完成しつつあります。ちょうどコロナ禍の期間に掛かっていて、我々としては初めて現場に一度も行かずに建物ができてしまったのですが、正確に言うと2週間前に行ってきて、ほぼ出来上がっているのを見てきました。場所はイスラエルのエルサレムという古いまちで、我々の事務所のポルトガル人の担当スタッフが、ロックダウンでまちが封鎖する前に現地に行き、封鎖されて以来出てこれなくなり、2～3年の異文化生活の中で頑張ってくれたおかげでプロジェクトが実現できました。エルサレムというのは、フェニキア帝国時代に海からなるべく離れて、地中海の緑の限界ラインに都市をつくったので、右を見ると砂漠で左を見ると緑園という面白いところです。そこに旧市街がありまして、市役所があって、ロシア正教会の聖堂が眺望を遮る形で丘の頂点に立っています。徐々に落ちていってまた上がる、高低差が10m以上あるような急斜面の中に、背後にロシア正教会の聖堂を持つという形で建てるというプロジェクトで、機能は美術大学です。ベツァルエル美術デザイン学院というイスラエルでは一番古い、いろいろな芸術分野が集合した大学のキャンパスですが、敷地に限界があるので積層してつくって、ほとんど一つの建物という形になっています。その中で我々がやったのは、各学科が一つの床を持って、それを積層させるというものです。斜面に沿った形でずれて積層されるので、各学科が上下の関係でお互いの活動が見えるという形にしました。たとえばインダストリアルデザイン学科があって、その下に彫刻学科があり、各学科を壁で仕切るのではなくて、互いが見えるように隙間で何となく分けています。建物が床板の集合という形で細分化されるので、地形にもよく合うのではないかと考えました。さらにエルサレムの場合は石造りで、地面を掘って出てきた石を積んで外観をつくるという壁の建築なので、小さくても大きくてもワンボリュームなんですね。それで大学のキャンパスという大きなものをつくると刑務所みたいになってしまうと思いまして、先ほどの学科ごとに違う床を持つというアイデアを外観にも取り入れて分節を持たせて、街並みとしてもヒューマンスケールのリズムができるのではないか、かつ室内の活動の関係性が外観にも何となく現われるのではないかと考えたのです。また、ファサードをセットバックしてつくることで、各学科が庭を持つという形になります。このフロアプレートが一つの学科だとすると、フロアプレートの上に室内とテラスの両方があるという形ですね。中でつながるのですが、外はテラスがつながって、防災上の避難導線でもありますが、内外で上下左右がつながるという形になりま

©西沢立衛建築設計事務所

ベツァルエル美術デザイン学院の外観

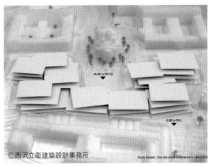

©西沢立衛建築設計事務所　Study Model : the site slope difference is about 6.5

ベツァルエル美術デザイン学院のスタディ模型

す。

　プランとしては、地形に沿っていくように
しています。横に行く時になるべく開こうと
して、全体として地形がカーブしているの
ですが、それを想起させるような形で角度
を付けています。また全部平行にすると、
分節システムも結局真っ直ぐになってしまっ
て、ソーシャルハウジングみたいな小さなも
のが機械的に反復して巨大化するという
形になってしまいそうな気がして、それを
避けるべくいろいろなことをやっています。
また、角度を付けることで吹き抜けの幅が
広がったり狭まったりするので、空間の関
係をつくるのにそれを利用しています。空
間の関係としては、いろいろな学科が積み

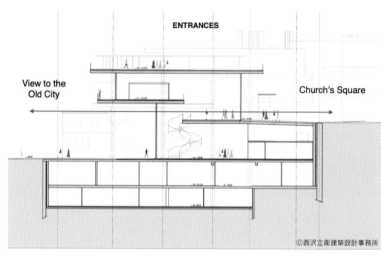

外との関係をつくり、連続感を建物の中で終わらせない

上がっていって、それらが隙間で分かれているのですが、つながってもいるという
形です。そうすると、ロシア正教会の聖堂との関係から建物を可能な限り低くして
いって、地下1階まで吹き抜けが落ちているのですが、そこまで光が落ちていきま
す。聖堂からさらに下に駐車場があるので、掘る量は大変深いです。各階が上の
会議の様子がわかるように、内外とも上下がつながっています。また、聖堂からの
地形を感じる透明感を建築が建った後でも残そうという意図もあるのですが、エン
トランスを入った時に向こうのまちの風景が見える、また学生のプレゼンテーション
や作業の風景など活動が見えるということをやろうとして、連続感が建物の中だけ
で終わらないように、外との関係をつくりました。

　各学科はバラバラなのですが、全体として美術大学としての一体感というものを
何となく感じられるようにしています。エントランスがあって上にカフェがあり、下に
展示場があり、こちらにはまた別の学科が展開しています。下の方は美術館で、そ
こに保存建築があってその中を通って上の方に上がっていくという形です。各学
科には外もあってそれらがつながっていて、直接自分の学科に行けるようになって
いて、いざという時には避難もできるようになっています。ワークショップでは市役所
の目の前を通る人に、「こういうことをやっているのか」と外から活動が見てわかりま
す。以前は郊外の少し離れたところにあったキャンパスが、街中に移転することの
意義をいろいろ考えた結果、学生の活動や展示などが道行く人に見えるのがお互
いにとって面白いのではないかと思い、いろいろな交流が生まれるようにしていま
す。また、いろいろなフロアプレートが重なっていくのですが、縁が動線空間になっ
ていて、展示のギャラリーにもなり、別の学科の活動が感じられます。隙間が細く
なっていて、その細くなっているところに踊り場があって上に流れるようになり、各
床はつながってもいます。外観はなるべくガラスを多くして欲しいと言われたのです
が、壁も入れて、これから日除けを建てようとしています。光を遮るために外にもう
一巡スクリーンをつくろうとしているところもあります。

▶ 歴史や地形の関係を考えた週末住宅

　次に紹介するのは、チリの海岸沿いにつくった週末住宅です。敷地は岬の先端

で、東西方向にはとても長さがあり、逆に南北方向は非常に狭くて目の前は急激に落ちていく崖のようなところです。どういう建物をつくろうかと考えた時に、チリは日本と違って海からいきなり断崖絶壁になって、下から風が吹き上げてきます。非常に厳しい塩害と海風があるということから、軍隊がよくやるヴォールト建築を基本言語としてつくろうと思いました。ヴォールトが連続して家になるのが、その場所に一番合っている構造だと考えたのです。最初はヴォールトを機能に合わせて掛けていたのですが、そうするとチリの雄大な荒々しい自然の中で、この小さい部屋単位のヴォールトがとてもせせこましく、グチャグチャっと見えてあまり良くないように感じました。そのため最終的には、機能は関係なくヴォールトを掛けました。しかし全く関係ないわけではなくて、寝室があって奥の方にプライベートの空間があり、先端にリビングと食事をする場所があるという感じで大きく分かれています。

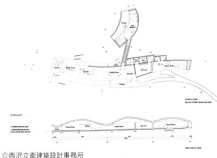

©西沢立衛建築設計事務所

House in Los Vilosの図面

また、機械的反復をなるべく避けて、一つの反復が次の反復に違う影響を与えるということを考えました。機械的反復というのは、たとえば車の大量生産の場合は1台目と100台目が同じでないといけないわけです。また建築の場合は、駐車場などをつくる際は、最初のワンスパンと次のワンスパンが同じでないといけないですよね。そういった機械的な反復をやらないといけないのと、たとえば、最初の歌が第2番に影響を与える連歌みたいな詩的反復というか、人間的反復と言ってもいいのかもしれませんが、その両方を建築としてどうやるのか、いろいろな形で考えています。ここでは一つのヴォールトを3連発でやるとどうしても軍隊っぽくなってしまうと思い、地形は必ず変わっていく、もしくは空間として

©西沢立衛建築設計事務所

House in Los Vilosの外観

も前に行くとどんどん明るくなっていく、あるいはこちらが閉じた時に次はこう開くという、いろいろな形で前後の関係を意味あるものとしてつくろうとさまざまな努力をしています。構造については、たとえば北側で光が落ちてきて、南側で崖に落ちてくるのですが、土圧比はどんどん低くなっていきます。それに合わせて構造を前後で動かそうとしているのは、眺望がこちらに開かれているためで、この構造にすることでこういう空間をつくり出そうとしています。寝室は逆に完全に閉鎖された形にして、構造の有り様を考える時も建築単体というよりは、周りとの関係の中で自然なもの、意味あるものにしようとしました。その中で、あえてこのヴォールトは着地せずに空中に上げて、少し無理をしてヴォールトが壊れたような形に持っていっているわけです。歴史や地形といった関係を考える時に、室内と室外が分かれない形で、中の人間の活動と建築と歴史の関係がつながるような形でやれないかと考えたプロジェクトです。

Talk Session

歴史的に振り返る with コロナ

松田：先生方、どうもありがとうございました。今回は、設定されたなかなか難しいお題に対し、それぞれ一定の距離を持ちながら、しかしどこかで関連するようなお話をそれぞれしていただいたと思います。

伊藤先生からは、「歴史と記憶」というテーマでのお話をしていただきました。一人ひとりの身体の差異と、そこから見える世界の違いについてのお話は、建築的な話とは全く異なる観点からの話で、とても新鮮でした。一方、「歴史的空間の再編」という本コンペのテーマに対し、認知症や障がいを持っている人の身体から世界を見た時には、日々ちょっとしたことで空間が再編されているという、興味深い共通点を挙げていただきました。また「記憶」を「歴史」と対比させつつ、存在するものと存在しないものを束ねる概念だとしながら、障がいを持っている人の身体では、存在するものと存在しないものが重ね合わされているような状況があることを、いくつかの事例を通して紹介いただきました。OSとアプリケーションのずれという表現が印象的でした。そして「歴史」を考える際に、建築という「存在」だけではなく、「存在していないもの」の、もしくは目に見えないものも含む「記憶」の問題を考える必要があるのだということを示唆していただきました。

金野先生は屋根を持つ空間について、研究から設計に発展されたということですが、特に半屋外空間に関連して、福祉施設や保育園のプロジェクト、それに最近神奈川県にできたばかりの春日台センターセンターの話をしていただきました。地域の人たちと話す中で「地域の生態系」を理解され、さらに地元の人たちの記憶もたどりながら、過去に建っていたスーパーマーケットの庇が、現在の建築の特徴にもつながっているというお話があり、半屋外空間をめぐるさまざまなプロジェクトの展開が、実に印象的でした。また、コロナ禍になって見えてきた、心地よさの感じ方の微細な違いをどのように建築の設計に関連させるかということの問題提起もされていました。

西沢先生からは、2つの海外の最新プロジェクトを紹介していただきました。一つ目はSANAAが進めていて、イスラエルのエルサレムで完成に近づいている美術学校のプロジェクト。スラブが積層しているように見えながら、地形に合わせて少しずつ高さや角度がずれ、また分節しながらセットバックもし、それぞれの空間が壁で隔てることなくお互いに見えるという関係がつくられています。整然としながらランダムさがあり、空間が分岐しながら散らばっていくと同時に、相互の関連も常に考慮されているという関係性が、とても印象的でした。バラバラに見えるけれども全体性があるという、常に両義的な方向性が見える建築でした。一方、もう一つのチリの週末住宅は、岬の先端に建ち、伸びやかにうねる屋根の形状が特徴的な建築でした。屋根の形状は、内部の機能に関係なくかけられると同時に関係もしていて、やはり両義的です。大きく3つのヴォールトが連続していますが、反復的でありながら反復だけではなく、地形に合わせて少しずつ形を変え、自然という外部と建築空間の内部が、呼応しながらつながっていくような感覚を受けました。

さて、こうした話を新型コロナの問題につなげていくとどういったことが言えるのか。実は私にも感染症と都市建築との関係を概観するようお題をいただいていたので、私からもお話ししたいと思います。昨年私は「パンデミックは都市をどう変えるのか？」というテーマについて、少々歴史的なリサーチと原稿執筆をしていました。人類に都市的な大きな影響を及ぼした感染症としては、天然痘、ペスト、コレラ、結核、そして現代の新型コロナがあります。まず紀元前12世紀に既にエジプトで天然痘が流行ったとみられる記録があります。紀元前5世紀にもギリシアで天然痘が流行ったとされます。ペロポネソス戦争の時、防衛のためにアテネと港町ピレウスという2つの都市を囲む、防衛のための長い城壁がつくられましたが、その中で感染者がどんどん増え、アテネは負けました。壁をつくることで都市に感染者が増えることは、現代の状況と全く同じです。8世紀には日本でも天然痘らしい感染症が流行しました。遣唐使や遣新羅使などで大陸に渡った人から広まった可能性が高いようです。8世紀に日本は何度も遷都を行いますが、この中で感染症をいかに防ぐのか、都市のつくり方への工夫が凝らされていきました。

最も有名な感染症はペストです。14世紀にヨーロッパを中心に世界中で広まり、当時の世界人口約4億5千万人のうち1億人ほどが亡くなったとされます。都市単位で破滅的に流行していったわけです。15世紀末にミラノでもペストが流行りました。当時、レオナルド・ダ・ヴィンチはミラノをどう立て直すかを考え、さまざまなスケッチを描いています。ルネサンスに流行った理想都市の多くは、都市を物理的に防衛する軍事的な星型多角形の都市でしたが、レオナルドの描いた構想は感染症から人々を守るための都市計画でした。この構想案が面白いのは、都市が上下プラス水路で三層に分かれているところで、大きくは上の道は貴人のため生活のため、下の道は労働者や馬車のため、水路は交易や廃棄物の運搬のためと、用途に分けてレヴェル差が付けられていました。20世紀の歩車分離を、5世紀も前に先取りするような計画だったと言えます。

特に道路が上下に分けられていたのは、感染症の拡大を防ぐためで、下のレヴェルには広場が設けられるなど、現代の新型コロナへの解決策としても通用するようなアイデアです。実は20世紀になってイタリアでつくられた巨大都市模型が、なぜかうちの大学に寄贈され、ちょうど3日前から大学ギャラリーで「レオナルド・ダ・ヴィンチ理想都市模型」展が開かれています。現代と状況は違えど、感染症が都市のあり方を変えようとする、歴史的な事例となっています。

19世紀にはコレラと結核が流行ります。1826年にインドで発生したコレラは1832年にはパリに達し、瞬く間に感染者が増えたことが記録されています。19世紀半ばにはヨーロッパのさまざまな都市で、結核が流行りました。パリも含め、中世的な密集した市街地で、結核はより流行りました。こうした状況は都市建築にも変化を及ぼします。ヨーロッパの都市部では、基本的にファサードが連続して背後に中庭ができますが、人口の急増により中庭側への建て増しが増え、都市の衛生環境は悪化しました。そこでパリでは道路側の庭も中庭として認め、都市建築の新しい方向性を提示します。アンリ・ソヴァージュという建築家は、これを利用してファサードがセットバックしていく、新しい都市建築を生み出しました。オープンスペースを増やしたル・コルビュジエの《300万人の現代都市》も、これらの延長にあります。つまり、やはり感染症は都市や建築を変えるわけです。

SNOUの提示したお題に対し、まずは私なりにいったん答えてみたつもりです。併せてこれからのディスカッションにおける、話のきっかけの一つになればと思います。

内部と外部の境界のあり方、変わり方

松田：さて、ここから先生方との議論を進めていきたいと思いますが、まず伊藤先生は建築以外の専門分野を持っていらっしゃるということで、建築家の先生のお話やプロジェクトを見て、感じられたこと辺りから、よければお話いただければと思っています。

伊藤：お二人のお話を伺っていて、相互の乗り入れができるように内部と外部の境界線をいかに分厚くしたり、何かが漏れ出ていくような状況をいかにつくるかというところが面白いと思いました。その境界の変わり方におそらくいろいろなパターンがあると思います。単純に視線が抜けることと、物理的に境界が取り払われることが、言葉にすると同じ感じがするけれどもとても違う気がしていて、その辺りを伺いたいです。

松田：金野先生と西沢先生のお話で、内部と外部の境界のあり方や、その変化のヴァリエーションについてのお話がありました。この辺りは建築分野ではよく話題になりますが、金野さんから境界について考えられていることがありましたらお願いします。

金野：境界の変わり方について、昨年、YKKの窓研究所から研究を委託されまして、「疫

病と窓」というお題で、「コロナ禍において窓を通して考えられること」という漠然としたテーマですが研究をしていました。その中で私たちは、コロナ禍にあるいくつかの高齢者施設と保育園にカメラを多数設置して、皆さんが窓周りで何をしているか、時間や季節の違いの定点観測をしました。その中で面白い窓辺のシーンがいくつもあって、それを私たちは「健康窓シーン」と呼んで分析したのです。

そもそもなぜ「健康」を捉えたかというと、19世紀に活動したナイチンゲールの著書「看護覚え書」の中で、住居の健康について採光や換気など5つの基本的要素が記されています。当時はコレラや結核が蔓延した時代でしたが、病院の環境が劣悪で排水も良好でないこともありました。そうした基本的なインフラのことを含め、多くが建築的なことに言及しているのです。看護師がするべき仕事は何かについて、空気を正常に保つことや、光を患者に届けることなど、とても基本的なことに触れられています。排水に関しては、日本の特に都市部は整備されている地域が多いですが、現代でも、採光や換気にどれほど丁寧に向き合えていたかと感じました。法規上の必要な採光通風ではなく、視覚情報としての光でなく、身体の経験としての光と風、空気です。そこで、コロナ禍のような不安な状況の中、人が窓周りでどうふるまうのかを観察しました。すると1日の中で、光を求めて窓を開けたり、カーテンで風の動きを感じたり、境界にあるモノを自分たちで動かしたり、調整したりすることで安心の環境をつくっていると感じました。そういうシーンが「健康窓シーン」です。

また、私たちが想定しなかった振る舞いもたくさん起こっていて、人が想像を膨らませられる設計が重要、とも感じました。つまり、どうしたら人が自ら場を想像し、創出する実感を持てるかということで、屋根付きの半屋外と言っても屋根があればいいというのではなく、外と中の間にいろいろな可能性のきっかけを設けることが大切なのです。でもつくり過ぎるとそれを誘導する装置になってしまうので、程よい突き放しと創造性を発揮する空間の塩梅を考えながら、場所の質の違いをつくっていきたいと考えています。

松田：なるほど、窓は確かに境界であり、また感染症や健康にも大きく関わる建築的要素ですね。金野さんがこうしたことや先ほどの半屋外空間の研究をされることになったきっかけは何だったのでしょうか？

金野：修士の時に始めて今も継続している研究テーマが、屋根付き半屋外空間ロッジアです。ロッジアというのは14世紀頃にイタリアでつくられ始めた建築の形式で、屋根とそれを支える列柱廊でつくられ、外気に晒された空間のことです。ルネサンス期にパラッツォなどの商館建築が多く建てられた中で、ファサードを調整する機能でもあり、広場に面して祭礼など公的なイベントを行うためにつくられた空間です。スイスに留学している時にペーター・メルクリという先生のスタジオで学んだのですが、彼がイタリアと地中海が大好きな人で、その影響もあってイタリアにスタジオで旅行に行った時に、ロッジアを体験し、これはいいなと思いました。それから塚本由晴先生の研究室で、建築における光や人々の活動の変化など、現象的・経験的な側面をどう評価できるのか、これを自分の研究の骨子にしたいという話からロッジアへの着眼を決め、修士論文から組み立てて、建築家の作品を通してその可能性の論文を書きました。自分がイタリアに行って体験した空間が、用途を変えながらも600年前からずっと生き生きと使われていることを、建築的に価値付けたいと考えたのがきっかけだったと思います。

松田：確かに中世にはロッジア的な空間はあまりなかったかもしれないですね。

金野：それより以前も、広場に面した列柱空間や教会に付属する半屋外など、屋根が掛かった場所で皆が集まることはあったとは思いますが、ルネサンス期、様式とともに公的の場所を整えるような建築要素としてロッジアが確立されたことで、それがきちんと維持され、600年経った今でも活発に使われています。それと同じような性質の空間が世界中に

はさまざまな呼び名、構法、運営の中で見られるのがまた面白く、現在も調査をしています。

連続が集まってまちになる

松田：さて境界に関して、西沢先生ほどそれを考えて実践されてきた方はいないと思うのですが、この後、建築の境界のあり方、内部と外部の関係などについて西沢先生からコメントをいただくとして、伊藤先生からもう一度「境界」の変わり方のどのようなところに一番関心を持たれたのか、またそれはなぜか、その辺りをお聞かせいただけるでしょうか？ 少しご専門との接点を明確にできれば幸いです。

伊藤：私は大学で「利他」の研究をしています。一般に利他とは「与える」ことや「贈与」だと考えられています。けれど贈与はお返しをしなければならないという義務を相手につくり出すことでもあり、結果的に上下関係をつくって、相手を支配することにつながります。こうした利他の毒を解毒するにはどうしたら良いか考えた時に「与える」よりも、何か「漏れる」ような利他がいいと思うようになりました。たとえば、植物の葉が太陽の光を独占しないで木漏れ日をつくるといったことです。自然は漏れ出る仕組みをたくさん持っていて、与えてはいないけれど何かどんどん垂れ流していて、それを他の人が勝手に取っていくといった、そういうことが人間関係の利他にもあっていいのではないかと思っています。要は境界線が侵犯されていくところから生まれるものに興味があったので、建築の中でどのように考えられるのかが気になりました。

松田：利他が境界線に関わるということですが、それは自己と他者の境界を越えていくようなものでもあり得るということですね？ それを建築の話に広げていくと、利他と空間の話にも接点が生まれるかもしれません。やや抽象的ですが、この辺りから西沢先生にお話を振ってもよろしいでしょうか？

西沢：建築をプロジェクトとしてつくる場合、必ず単独的につくるので境界が出てくるのですが、境界が何かとても良くないメッセージを発信するのが嫌でした。でも、その発信するメッセージが創造的なものであれば、むしろ境界はあるべきものだと思います。ヨーロッパや中国に行くと壁のつくり方が上手くて、境界をつくることが歴史的な技術になっています。それに比べると我々は境界をあまりよくわからずつくっていて、個々の建築家の才能もあるのかもしれませんが、あまり上手くないです。

　日本と西洋、日本と中国と分けることはあまり良くないのかもしれませんが、我々の場合はもう少し流れと言いますか、連続感というものを上手くつくれると思います。たとえば唐招提寺は、建築自体は中国建築ですが、料金所が参道の先端にあって、そこから入ると参道があって、目の前に唐招提寺が見えます。そのアプローチについて関口靜雄先生という歴史家が言っていたのですが、最初は近づいて行くと瓦の屋根が見えて、「自分は外にいるな」と思います。しかしあるところから瓦屋根が見えなくなって、軒下が見えてきて、その時に建築の傘下に入るのですが、角度的にまだ屋根の下ではないわけです。そこから屋根の下に入って、その外に外陣があって中に入るという形で、ドアを開けて入るのではなくどんどん連続して入っていくのです。唐招提寺の場合は周りに緑がワッと押し寄せてしまって、本来中国建築をつくるのに相応しくない場所だったのかもしれません。そこにつくることで、中と外の動的な関係がどうしてもできてしまったのだと思います。法隆寺などを見ると周りがなくて、学園都市という感じであまり周りとの関係を感じないですよね。そういう意味で、同じ中国建築でも唐招提寺は、建築の様式性という意味では完全に中国建築だけれど、存在としては完全に日本の建築になっていると感じます。その理由の一つは、独立した単位をつくっていくというよりは連続があるということだと思います。パリに行くとアパートは部屋が連続して廊下でできていて、「建築とは部屋の集合ですよ」という感じで、その辺も上手いと思うのですが、我々の場合はどちらかというと流れが集まって建築にな

るという感覚があります。そういう意味では、東京などは敷地単位にビルタウンに分けられているけれど、通りの連続やコミュニティーの連続などいろいろありますが、どちらかというと連続というものが集まってまちになると皆が考え始めている気がします。

　今日も皆さんの講演を聞いて感じたのは、やはり関係性というものがとても大きなテーマになっていて、人間のアイデンティティですら関係性の中でつくられていく。今は関係性というものが建築でもそうだし、いろいろな分野で大きなテーマになっているというのを強く感じました。

松田：確かに建築は西洋と日本で、壁でつくるか柱でつくるかの大きな違いがあり、それは内部と外部のつながり方にダイレクトに影響しています。都市計画でも西洋は城壁をつくるけれど、日本は城壁をほとんどつくらないので、やはり内部と外部の関係性の捉え方に、大きな違いがあると言えると思います。

オープンエンドに世界を考える

松田：こうした空間的なお話を、今度は伊藤先生の視点から見るといかがでしょうか？ たとえば、伊藤先生が建築や都市などのあり方で、境界に関して興味深いと思われるような事例はありますでしょうか？

伊藤：西沢先生のチリの事例が興味深かったです。私はずっとヨーロッパの詩を研究してきたので、リズムや反復ということにとても関心があります。伝統的にリズム論は拍子とどう違うかという風に定義されていて、拍子は機械的な反復でリズムは差異を含んだ反復なのです。反復しているのにそこに差異が含まれているという矛盾した性質を持っているのがリズムだという定義です。まさに西沢先生がおっしゃっていた話で、1回目を踏まえた2回目、2回目を踏まえた3回目というのは、とても詩的な反復だと思いました。そこで、先ほどの流れと連続ということで言うとどういう風になるのでしょうか？

西沢：いろいろな面白い取り組みがあるのですが、コーリン・ロウという建築家がいて、その人はT.S.エリオットの影響を受けてエリオットが考えていたような「過去と現在の連続」というものを建築の分野にも取り入れました。モダニズム建築がガーデンアーキテクチャーと言われて、再開発してドンと建てるようなもので、建築としては新しいのだけれども、ヨーロッパの街並みを破壊するという反省から彼が考えたのが建築の順序です。ものとものの関係の中でつくった方がいいのではないかというコンテクスチュアリズムは、モダニズムの反省から出てきたと思いますが、彼はその中で建築がどういう意味を持つか、単体としての評価ではない群としての評価という、エリオットが詩で言っていたこととほとんど同じことを言っています。建築は単体ではあまり意味を持たず、全体の連続感の中で点数が決まると言って、連続性を建築の分野に持ち込もうとした例だと思います。

　また、ル・コルビュジエもリズムについていろいろ面白いことを言っています。アカデミーにとって比例は図的で形式的なものでしたが、それに反対する形でコルビュジエは、比例は人間の生命に由来するリズムだと言いました。原始人の例を用いて、人間の挙動からリズムが出てきて比例になり、古典建築の比例というものの源泉に人間の生命を置いたのです。モダニズムの中心の人で批判されますが、人間のリズムをとても重視して建築につなげようとした人だと思います。

松田：まさにリズムや反復など、伊藤先生が研究されていたところともつながるお話ですね。金野先生からもいかがでしょうか？ これまでも内部と外部の関係性を重視されてきて、ロッジア、半屋外空間など、特にその中間領域に関心を持たれてきていたと思います。

金野：リズムというのが内発的なものでありながら、外側のまちの風景の中にもあるリズ

ムと連関していくというのが面白いと思って聞いていました。西沢さんに伺いたいのですが、ものごとを組み立てる時に、何とリズムを共有するといいのか。関係性を持つ相手である自分の「外」や「他」の側をどう捉えるといいのか。もっと言うと、自らのリズムをどのように定め、どう組み立てていくといいのか。何か考えられていることがあれば教えていただきたいです。

西沢：僕も先ほどの金野さんの軒の話は面白いと思いました。軒が敷地外に出てしまってアウトなのだけれどできてしまうという話が、なぜできるのかというと過去にそれをやっていたからで、建築はものだけれど文化に支えられているということですね。皆が使ってきた形のないものが習慣や文化という無形のものになって、それに支えられて形が出てくる。形やものだけではなくて、いろいろな人間の営みや人とつながって出てくることがとてもいいなと思います。それをまた過去を知らない人間が見た時にそういうものを感じられて、過去をいろいろ引き連れて来たということがわかる。全体は見ないのだけれど、部分を見て、その部分が属している全体を何となく感じるということでしょうか。そういう関係がどこまで続くのか、全体の大きさはわかっていなくてそこはオープンエンドですが、建築の場合は単体でつくるのだけれど、それだけを説明するのではなくて、それが背負っている社会や人間関係を感じさせるのがとても面白いです。金野さんの質問への答えとしては、相手は決まっていないということだと思います。そこはオープンエンドで逆に面白く感じます。

松田：ありがとうございます。部分だけを見ながら、全体を感じるというのは、全体像をあらかじめ想起しないという意味で、とても新しく、真のオープンエンドを感じるような気がします。普通に一つの建築の全体像の中で内部と外部を考えると、それらをいかに連続的にすれば良いのかという問題だけに終始してしまいます。しかしそれだけではなくて、建築の敷地とさらに外の環境というものをまずオープンエンドにして考えて、単に内部と外部をつなげていくことで新しい境界を考えるということだけでもなく、さらにオープンエンドにより広い世界を考えられるような、そういうきっかけの話を西沢先生がされていたのだと思いました。

規範が内面化して振る舞いがロックされる

松田：そういえば、昨年のトークセッションでも全体像の話になり、そこから塚本先生のモダニズム批判の話が出てきて話が一気にドライブしていったという展開と、少し重なるところもあります。塚本先生と宮下先生が会場にいらっしゃるので、良ければそれぞれここまでの議論に対するコメントをいただけますでしょうか？

塚本：伊藤さんからは健常者は大雑把でザックリと、いろいろなことを気にせずキャンセルできてしまうという話で、金野さんからは安心というのは皆同じではないことがケアの仕事などを通してわかってきたという話でした。そして西沢さんからは、機械的な反復と、一つの反復が次の反復に影響を与える反復の両方ができる建築をつくりたいという話でした。それから境界について内と外という話に入ってしまったのですが、3名の話は内部と外部というよりは、規範性の内側と外側みたいなところがあります。生産性を高くしましょうという規範の中では、すでにかなり大雑把にいろいろなことがされていて、だから自衛隊のようにヴォールトをつくる時は本当に効率よく、生産性高くつくるので、100個つくっても変わらないヴォールトができる。けれども、とても荒々しい手つかずの崖地みたいな海岸線で建築をつくる時にはそういう必要はなくて、伊藤さんがリズムと拍子の違いで説明してくれたような別の反復で良くて、その辺りがおそらく内部・外部というよりは、ある種の規範性の問題ではないかと思っています。それを辿って規範性がどこにあるかというと、それぞれの人の中にもあって、内面化しているところに非常に面白さとややこしさがあります。
　最近強く感じるのは、やれるのにやれないとか、環境は整っているのにやろうとしないと

か、そういう「自分はこういうものだよな」という自画像を自分の中でつくり上げて、それが障壁になっていることが多いということです。でもそういう障壁が共有されていることも社会の一つの有り様で、たとえば金野さんの庇が敷地からはみ出ているという話は、世の中の規範からずれているのだけれど、そこで楽しんできて、それを内面化している人たちがそこに住み続けているということがあればOKにしてくれるわけですよね。それが、西沢さんが「部分を通して属している全体が見える」とおっしゃっていた部分とつながると思います。その辺りがコロナ禍を通して、それまで社会を律しようとしてきた規範、しかもそれを外面化してきた個人のあり方みたいなものが凄く揺さぶられたと思っていて、それをどういう風にこれから転換していくのかを今は考えているところです。

　私は最近、里山再生に関わっていて、毎週末田舎に行っているのですが、やはり全然環境が違うのでやることも違っていて、そうすると「当たり前」が全部違ってきて、そこから見ると「東京の暮らしは本当に便利だけれど不自由だな」、「田舎は不便だけれど自由だな」という面白い組み合わせがあります。田舎は自分でやろうと思えば何でもできてしまうけれど、その代わり自分で道具を使えるようにならないといけないとか、都会で使っている体とは違う体を見つけていかなければいけないとか、その辺りは環境や建築が用意してしまうもので、長い時間を掛けて昔の想定の中でつくったものをずっと与え続けています。それが知らず知らずのうちに人々をどうトレーニングしていって、それがつくり出す「当たり前」とか「規範」がどれだけ人々の中に内面化されて、自分たちをロックして鍵をかけてしまっているのか。今、日本の社会が少し元気でないのは、どうもそこへのアクションが足りないからだと思います。そこに居た方が安心という人も結構いて、そういう若い人は多いけれど「あれ?」と思う時が多いです。その辺りを解体していく時に、歴史的に見るということがとても大事だと思っています。

　先ほど金野さんはロッジアが公式の場としてつくられたと言っていたけれど、それぞれの家にも取り入れられていて、そこでご飯を食べるといった地中海的な暮らしは今では典型的なものです。しかしそれは日本ではあまりやられてこなかったことで、開放的なところではご飯を食べないですよね。日本は縁側が有名だけれど、そこでご飯を食べません。障子などを全部解き放って縁側があって庭があって、ようやくその内側でご飯を食べているという感じなので、太陽の下でご飯を食べるのはあり得ないのです。そういうわけで、ロッジアは普通の生活の中にも結構あったと思いますが、ペストが流行した時代には、もしかしたらロッジアみたいなものは支持されていたかもしれません。外でご飯を食べることで、人を家の中に入れなくても済むということがあったのかもしれないと少し思いました。

　今日の話はコロナのような疫病に対して、都市計画的にできることとできないことの違いを問題にしていたような気もしています。お三方が話してくださったのは都市計画でできることではなくて、もしかしたら都市計画でやってしまうと大雑把なベースはつくれるけれど、さらにその先の細やかなものが問題になってくるという風にも思います。都市計画もなければ困るので必要ですが、ダ・ヴィンチの話はそれほど褒めなくてもいいかと思っています（笑）。基準の通路が上にあって、下は下働きの人たちの空間なので、そこに明快な社会的階層が投影されているので、そこは歴史的に見た方がいいと感じました。皆さんも規範を内面化して振る舞いがロックされているのです。それを守らないと変な奴だと思われてしまう時もありますが、それを破る勇気も必要だと思います。

コロナによって、私たちの内面に気がつく時代

松田：塚本先生からは、空間論的な内部と外部の話を、規範論にスライドさせ、より抽象的かもしれませんが、規範の内側から外側へ出ることにより、より本来的な「自由」の領域の可能性について、あるいは振る舞いの自由について、考えさせていただくきっかけをいただいたような気がしました。それでは、最後に宮下先生からもお願いします。

宮下：西沢先生がおっしゃっていた反復や、伊藤先生がおっしゃっていたリズム、その辺

りの写真などを見てふと思ったことがありました。歴史的な街並みという昔から残っているものを見ていると心地いいんですよね。まさに反復の中にリズムが生まれているのがその心地よさの理由なのかなと思いました。一種の規則性がそこにあるけれど、生業などによって求めるものも違うし、そこからできる形も違います。微細な違いが出ることによって、それぞれが変わることを許容されて、変化となって、全体の関係性の中では整っているけれども変化も生じる。その意味で皆さんは意外にやんちゃなことをやっていたりします。でもそれが皆さんの経験や内面的なものなど、その人のシンプルな個性みたいなものによって変えられて、それがまちとして許容されている姿なのかなと感じました。現代のまちの中でそういう風景をつくるのはなかなか難しいと思いましたが、全体ができている過程をもっと読み解いていくと、現代におけるまちのつくり方も、また少し変わっていく部分があるのではないかと思いながら聞いていました。

　非常に情報が多すぎるが故にスタンダードがつくられてしまっているところがあります。法的な部分はもちろんありますが、それが都市として許されるのか、個人として許されるのか、何かグループとして許されるのかといったことをもう少し上手く定義していくと、まちのつくり方や建築のまちに対する現れ方が変わっていくとも思っています。コロナによって我々の生活が押さえつけられることで、普段はあまり気にしていなかった私たちの内面に気がつく時代でもあったような気がします。だから、これまでやっていなかった趣味に走った人たちがいたり、やってみたら意外にハマるものがあったり、抑圧された部分があるが故に見えてきたものがありました。それがまだ2年半という期間なので、建築的な形状としてすぐに反映されてくるかどうかは別として、ものに対して非常に素直になれるタイミングだと感じます。

　塚本さんのおっしゃっていた中山間や里山といった田舎の生活は、ある意味常に自然環境から抑圧されているような状態だと思います。その中で自然と呼応するにはどうすればいいのか、自分がどう関わればいいのかということを、自ずと突き付けられているみたいな感じがあります。木漏れ日の話がありましたけれど、与える与えないではなくて、それがあるものとして、その中で何を選択していくかという部分が常に行われているような気がします。それが「都市の生活ではこうあるべきだ」という思い込みや前提になって来ることで暮らしがニュートラルではなくなってきています。まちをつくっていくルールや、まちに見えてくる表層の現象もそういうところがベースになっているところがあるのではと思います。もっとニュートラルにあることを許されるようなまちとなっていくと、また面白くなると思います。

松田：宮下先生にまとめていただいてありがたい限りですが、そろそろ時間となりました。SNOUの皆さんが設定された「歴史的に振り返る with コロナ」というテーマに関して、直接的でダイレクトな話ではなかったかもしれませんが、しかし結果として、そのテーマに近いことを、より高いレヴェルで議論できたのではないかと思います。

　伊藤先生からは「利他」をもとに、揺れて侵犯される境界といったテーマを挙げていただきました。金野先生や西沢先生のお話から、より空間的な内部と外部の境界の話にどう接続できるかが見えてきたわけですが、一方で塚本先生からは、空間的な内外の話を規範的な内外の話として捉え直す可能性を示唆していただきました。コロナは、今まで規範を内側に持ちすぎて内面化しすぎていたことを、我々に感じさせてくれたのではないかということです。内面において自分の振る舞いをロックしてきたこの規範を解体し、そこから自由になることで、従来の規範の外側に出ることができる、こうしてこれまでの空間とは異なるタイプの内外の境界を考えることができ、それこそがまさにコロナを歴史的に振り返るということになるのだという、逆転の発想から、今回の本筋の本質的な議論につながっていったということになるのではないかと思います。

　今日は伊藤先生、金野先生、西沢先生に、貴重なお話とディスカッションをしていただきました。この議論は、例年のように今回のコンペの審査にも、きっと影響を与えていくことでしょう。それでは、これで記念講演とトークセッションを終わりたいと思います。皆様、ありがとうございました。

一次審査

[日時] 2022年10月13日（木）

非公開で行われる一次審査では、7名の審査員により、
エントリー総数189作品から二次審査に進む
30作品が選出された。

小津 誠一
Seiichi Kozu

建築家／E.N.N. 代表

一次審査では、上位案より当確線上の作品をより注意深く観察することになるが、年々底辺レベルが上がっている印象だ。これは歴史的空間というテーマが、学生諸君にとって身近な題材になっている証左ではないか。また歴コン11年を経ても、続々と対象空間が発見されていることに、歴史的空間の存在可能性を感じさせてくれる。しかし、その先の再編手法、結果としての再編空間には、まだ伸びしろが残っているという課題も感じられる。

熊澤 栄二
Eiji Kumazawa

石川工業高等専門学校
教授

応募作品は119点、一次審査通過倍率は4.0倍とやはり今年も激戦であった。審査員評3点以上の上位作品が15作品、2点作品が当落ボーダーラインとなった。1点作品であっても予選通過した作品もあるが、審査員からの熱いエールと思い本選でも自信を持って挑んで欲しい。今年は特に、情報量が多い作品が目についた。提案する「歴史的空間」を明快に示すこと、情報量を適切にコントロールすることが当落を決することを忘れないで欲しい。

村梶 招子
Shoko Murakaji

ハルナツアーキ 代表

これから人口がどんどん減少していく日本で、歴史的空間を再編するというテーマが回を重ねるごとに社会的にますます重要な課題となっているように感じます。一次審査の際に最も重要になるのは、歴史的空間をどうとらえているかであり、提出された作品の半数以上がそれを明らかにしておらず、良い作品でも選出されなかったものが数多くあります。歴史的空間が何でどう再編するのかをわかりやすく表現し提案することを強く求めます。

二次審査

[日時] 2022年11月19日（土）13:40 ～ 16:40

二次審査では、一次審査で選ばれた30作品を審査員が巡回する
ポスターセッション形式の審査が行われた。そこでの評価をもとに、
非公開での議論と投票により、ファイナルプレゼンテーションに進む10作品を選出。

山崎 幹泰
Mikihiro Yamazaki

金沢工業大学 教授

パソコンの画面で見るパネルと、実際に印刷して見るパネルとでは、印象が変わることが多々あります。とても読めないような小さな文字はもちろん論外ですが、一文の長さや、読む順番に配慮した文章のレイアウト、図や文字の色のバランスなど、必ず一度プリントして、客観的に自分のパネルを確認することを勧めます。自分の作品について何をどう伝えたいのか、限られた紙面を有効に使う方法を見つけてください。

西本 耕喜
Kouki Nishimoto

金沢美術工芸大学
講師

歴史的空間再編という同じテーマで第11回を迎えた本コンペ。同じテーマに対し新たな切り口でどのような提案がなされたか楽しみに審査しました。きちんとわかりやすく答えている提案が今年も少なかったように思います。それでも、さまざまな地域の歴史的空間を学生独自の視点で捉え考え、ささやかな再編でも未来を感じられる提案に惹かれました。二次審査、最終審査での審査員との闊達な議論を期待しています。

吉村 寿博
Toshihiro Yoshimura

吉村寿博建築設計事務所
代表

このコンペの趣旨は、何を「歴史的空間」と捉え、どのように「再編」したのか、そこにどんな未来が描けているのか?と理解している。しかし、その事をきちんと説明している応募作品がとても少ないと感じるのは何故か? 募集要項の説明が不十分なのだろうか? 膨大なリサーチを展開されても主旨が曖昧なままでは評価する事ができない。歴史的空間＝価値・可能性を掘り起こしてくる着眼点が見たい。鮮やかな再編とその未来が見たい。

林野 紀子
Noriko Rinno

りんの設計一級建築士
事務所

古いものは即ち歴史なのでしょうか。そうだとして、いつからが歴史になるのでしょうか。歴史には、語る人の視点と文脈が不可欠です。本コンペでは、何をもって「歴史的空間」とするかを、自分の表現で伝えることが求められます。個人的には「再編」された空間の質に重点を置いて一次審査を行いました。結果、視点や発見の面白さよりも、再編後の空間に確かな手応えの感じられる案が残った気がします。二次審査以降の議論に期待します。

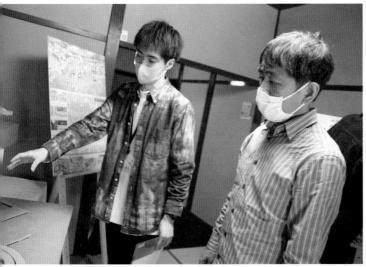

二次審査結果

各審査員の持ち点は2点票×5作品、1点票×10作品。得票数の合計が多い上位10作品がファイナルプレゼンテーションに進出。また、この得票数の上位11位から20位の作品の各順位が確定し、20選作品が決定した。

出展ID	出展者	作品名	伊藤	金野	西沢	塚本	宮下	松田	合計	
KSGP22007	山田 康太（東海大学大学院）	参拝の蘇生	2	1	2		1	2	8	ファイナル進出
KSGP22056	池上 真末子（大阪工業大学大学院）	「共界」に暮らす	2	2			1	2	7	ファイナル進出
KSGP22058	田坂 太樹（工学院大学大学院）	秘めたる重層性の解放	2			2	2	1	7	ファイナル進出
KSGP22116	谷口 歩（大阪工業大学大学院）	ハナとミツバチ	2	2		1	1	1	7	ファイナル進出
KSGP22130	内野 佳音（日本大学大学院）	綴く半透明の物語	1	1	2	2		1	7	ファイナル進出
KSGP22117	湯免 鮎美（九州大学）	冬は短し、動けよ やぐら	1	2		1	2		6	ファイナル進出
KSGP22098	林 晃希（大阪工業大学大学院）	文化の景と桜守		1	2	1	1	1	6	ファイナル進出
KSGP22088	松山 勇貴（大阪公立大学大学院）	INTERSECT	1			2	2	1	6	ファイナル進出
KSGP22169	石川 博利（滋賀県立大学大学院）	マチワリ交差園	1	2	2				5	ファイナル進出
KSGP22109	橋本 拓磨（岡山県立大学大学院）	棚々				1	2	2	5	ファイナル進出
KSGP22063	谷口 真寛（日本大学大学院）	神楽の降下橋				2	2	1	5	20選（11位）
KSGP22086	松本 乙希（東海大学大学院）	真鶴を継ぐ	2		1	1	1		5	20選（12位）
KSGP22173	菊池 悠太（東京電機大学大学院）	東池袋、木密に連鎖するトップライト	1	1			1	2	5	20選（12位）
KSGP22085	小山 大輝（東京理科大学大学院）	第20次卸売市場整備計画		1	2			1	4	20選（14位）
KSGP22159	藤田 結（熊本大学大学院）	生業は滲み、風景は重なる	1	2		1			4	20選（14位）
KSGP22177	増田 耕平（近畿大学大学院）	褐色のポーラス	1	1				2	4	20選（14位）
KSGP22014	水越 永貴（明治大学大学院）	新富嶽三十六景	1	1	1		1		4	20選（17位）
KSGP22099	鈴木 真（東京工業大学大学院）	舟流都市	1		1	1		1	4	20選（17位）
KSGP22089	小野 美咲（神奈川大学）	まもり、ひろがる家					1	2	3	20選（19位）
KSGP22001	大竹 平（京都大学）	繕いの解体新処		1	1		1		3	20選（20位）
KSGP22146	新畦 友也（近畿大学大学院）	変遷する狭間		1		1		1	3	20選（20位）
KSGP22009	榎本 海月（日本大学大学院）	大磯海街再考	1						2	
KSGP22019	松本 浩輔（金沢工業大学）	まちのエッセンスに気づかせる風景の小さなリノベーション		1			1		2	
KSGP22036	寺田 壮志（立命館大学大学院）	地に刻す		1		1			2	
KSGP22062	清家 悠大（名古屋大学大学院）	みずは運河の回りもの			1			1	2	
KSGP22047	森本 龍（立命館大学大学院）	水際の記憶				1			1	

COMPETITION
FOR THE REORGANIZATION
OF HISTORICAL SPACE 2022

10選作品

一次審査と二次審査を通過し、
応募189作品から10選に選ばれた作品を、
ファイナルプレゼンテーションでの
質疑応答と併せて紹介する。

グランプリ

秘めたる重層性の解放
Release of hidden multi-layeredness

KSGP 22058　田坂 太樹 Taiki Tasaka

工学院大学大学院 工学研究科 建築学専攻

大阪を代表するランドマークの1つである大阪城。城内は大阪城公園として整備されており、勇壮な石垣や巨大な水濠を楽しむことができます。しかしその現存遺構は全て江戸、もしくは明治以降に再建されたもので、天守は博物館として復興された近代建築であり、太閤秀吉が築いたかつての大坂城は地下に眠っておりその姿を見ることは出来ません。

現存遺構と埋没遺構は同じ大阪城ではありますが城郭構造が全く異なっており、豊臣大坂城は徳川大坂城に比べ、非常に複雑で迷路のような構造になっています。その最たる要因は複雑に屈曲して築かれた石垣が何層にも重なった「帯曲輪」です。この複雑な構造は、石垣の死角を

対象敷地／特別史跡 大阪城公園本丸広場地下遺構
豊臣大阪城本丸

消すための工夫である「横矢掛」がふんだんに用いられた結果生まれたものであり、それぞれの形状によって意味合いが異なっているのが特徴です。

この隠れてしまった大阪城の魅力を発信するために埋没遺構に着目し設計提案を行います。本提案では、地下石垣の持つ「敵の侵入を拒む迷路のような設計」を「より奥へ行きたくなる魅力的なシークエンスの設計」と読み替え、地下展示空間を設計します。特徴的な石垣形状に対応した天井高や掘残しの壁面の操作によって場所ごとに印象の異なる空間を切り出し、そこへ鑑賞者の視点を操作する建築的装置を組み込むことで多様な見せ方を提示します。そしてこの地下空間を介して大阪城天守閣へ入城することにより、重層する豊臣から徳川への歴史を連続的に体感することができる新たな大阪城へと生まれ変わらせます。

本丸広場に設けた地下広場を新たなメインエントランスとし、天守閣直結のEVホールを目指し地下空間を進みます。道中の建築的装置は鑑賞者に多様な視点を供給します。石の断面図の②で示されたこの石垣は入隅と呼ばれる石垣のつくり方が用いられています。大きく石垣を凹ませ

ることで敵を引き込み二方向からの攻撃を可能にするこの石垣に対し、囲まれ感が強い空間と設計手法を読み替えました。そこで、この凹みに向け天井を大きく下げることにより空間全体で囲まれ感を強調し、巨大な地下空間内でも来館者を誘い込むシークエンスの設計を施し、そこへ鑑賞者の視点の高さを操作するEV付物見櫓を配することで多様な視点を提示します。物見櫓を登りきった先の石垣は先程とはまた違った工法が用いられています。ここは出隅といい、敢えて突出させることで多角的な攻撃を可能にする工夫がされています。張り出す石垣の迫り来る様子を強調するためにここでは一度下げた天井を再び石垣に向け上げています。来館者は鑑賞体験を通じて、当時兵士が城攻めの際感じたであろう恐怖感やおどろおどろしさを擬似的に体感することができます。

歴史は最盛期の最も見栄えのする時期がクローズアップされがちですが、その前後にも秘められた魅力があり、その「積み重なり」こそ「歴史の最大のおもしろさ」です。重層する歴史を連続的に体感することができる本設計はこれまでの「歴史の見せ方」に一石を投じ、世間の偏った歴史観を塗り替える一助となります。

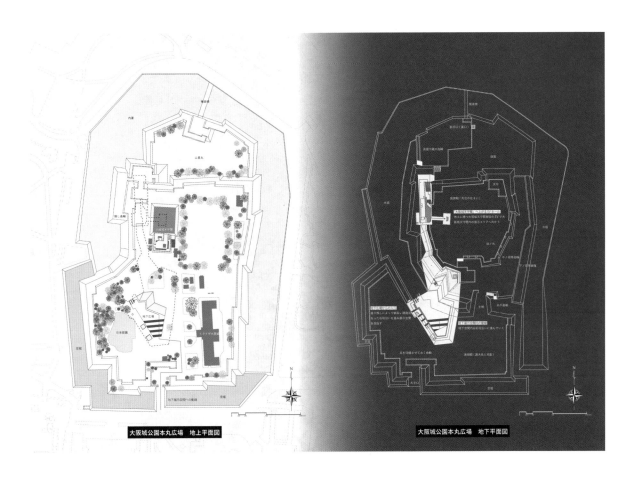

大阪城公園本丸広場　地上平面図

大阪城公園本丸広場　地下平面図

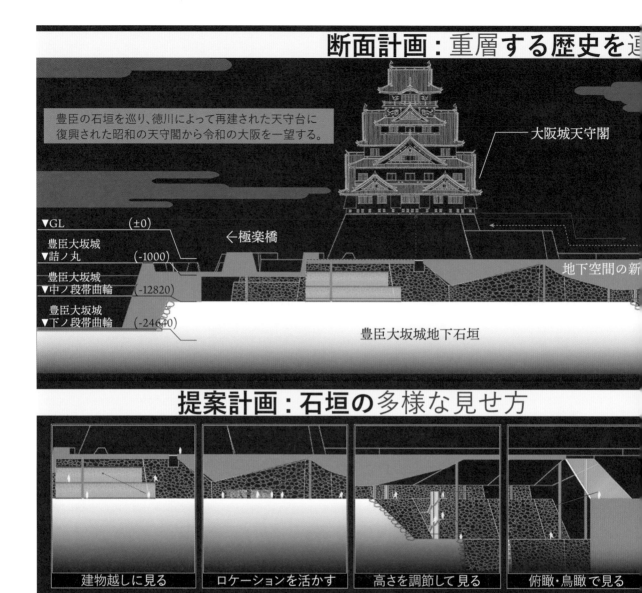

断面計画：重層する歴史を遍

豊臣の石垣を巡り、徳川によって再建された天守台に
復興された昭和の天守閣から令和の大阪を一望する。

大阪城天守閣

▼GL 　　　　(±0)
豊臣大坂城
▼詰ノ丸　　　(-1000)
豊臣大坂城
▼中ノ段帯曲輪　(-12820)
豊臣大坂城
▼下ノ段帯曲輪　(-24640)

←極楽橋

地下空間の新

豊臣大坂城地下石垣

提案計画：石垣の多様な見せ方

建物越しに見る　　ロケーションを活かす　　高さを調節して見る　　俯瞰・鳥瞰で見る

塚本 抉った後の上の支え方が、建築的には技術的に非常に大変だと思うのですが、黒い柱が入っているのは設計としてなのか、それとも模型を支えるためですか？

田坂 設計として考えています。模型だと天井の勾配が全て塗りつぶされて灰色に映っていますが、空間の輪郭を切り出すという私の設計手法を表現するためにこうしています。実際はコンクリートのパネルを吊るようなツリー構造にしていて、地盤1m下に大阪城の昔の遺構があるので、そこにメガスラグを横に通し、そこから束を下ろすことで天井を支えます。それだけでは不十分なので、鉄骨の柱を支えることである程度の強度を持

たせ、擁壁として土圧に耐えるために、掘り残し以外の部分のコンクリートの厚さで賄うという設計を考えています。

塚本 勾配が付いて、天井を低くしたり高くしたりしたいからそうしたのかもしれないけれど、それが三角形を組み合わせたような多面体になっていて、構造に展開する可能性があると思うけれど、柱がそれと無関係にきちっとしてきているのが少し気になりました。

田坂 私の設計はあくまで石垣が主役で、石垣が持つ力をより引き出したいという設計の方法を採っています。操作している鉄骨の柱など建築的装置も、長さはある程度ありますが、比較的小さい柱で規則正しく置いていくことで、全体として見た時に重厚な石垣を

対比的に美しく見せられることを考えて設計しました。

西沢 とても力作で素晴らしく、情熱はすごく伝わってきました。欲を言えば、私たちの社会や今の時代、今の大阪の暮らしなどにどうつながっているのか、少し解放感みたいなものがあると良かった。ジオラマ展示的な室内の体験展示のようになってしまっていて、現代社会への批評などにつなげるともっと生きたものになると思いました。我々の時代の価値観が現れるような建築があるともっといいと思います。

田坂 一つだけ伝えたいのは、大阪城はかなり力が強い建築で、今建っている天守閣もそうですが、豊臣秀吉の城だと思っている

質疑
応答

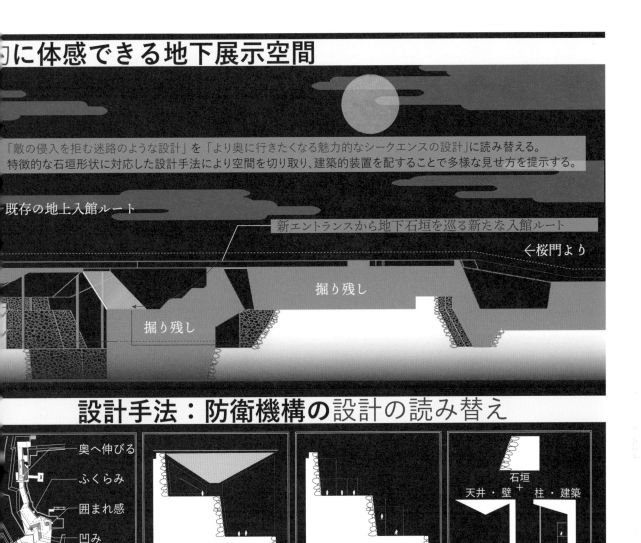

...に体感できる地下展示空間

「敵の侵入を拒む迷路のような設計」を「より奥に行きたくなる魅力的なシークエンスの設計」に読み替える。
特徴的な石垣形状に対応した設計手法により空間を切り取り、建築的装置を配することで多様な見せ方を提示する。

既存の地上入館ルート

新エントランスから地下石垣を巡る新たな入館ルート

←桜門より

掘り残し

掘り残し

設計手法：防衛機構の設計の読み替え

奥へ伸びる
ふくらみ
囲まれ感
凹み
細長い

掘り残しの境界を設定

天井を操作

建築に石垣を挿入

石垣
＋
天井・壁　柱・建築

空間の輪郭を作る　人の居場所を作る

対比的に見せる

方が大阪府民でもかなりいらっしゃるのが現実です。

西沢　そういう意味では、僕もそれをとても感じます。ランドマークとの関わりもそうだけれど、大阪城公園全体が大阪の中にある重要な都市空間になっているんだよね。それが我々の暮らしを支えてもいると思うけれど、そういうものとの連続性でもいいと思います。

田坂　今はこの上を素通りされてしまっています。新しいメインエントランスがあって大階段に立った時に、秀吉がつくった石垣の上に建っている徳川の石垣の上に建つ、昭和の復興天守の後ろ側に見える令和の大阪の風景のような、歴史が持つ重層性を体現している敷地で、皆何も知らずに通り過ぎ

てしまっているのが大阪城公園の現状だと思うので、こういう開口が大きく開いているのが広場にとってはいいことだと考えています。

宮下　私の理解では、今の話が作品で一番言いたいところだと思います。過去の歴コンで、建築の歴史は点ではなくて線ではないかという「線の建築史」という話がありました。その見方でいくと、このコンペは再編がテーマですが、大阪城は再編が繰り返されている建築ですよね。その再編の結果としての現在がどうなってきているかを見せることで、「ではその先に何があるのか」というビジョンが見える。何を見せたかったのかがもう少し明快になると、我々の理解がさらに上がるのですが、そ

の辺はどうですか？

田坂　おっしゃる通り、最初に示している模型写真がやはり一番見せたいところです。この設計が終わった後に、大阪城天守閣の館長とお話をさせていただく機会があって、「既存の大阪城も大事にしながら、こういうことを考えてくれるのは、大阪城に携わる人間として嬉しい」と言っていただいたことがありました。

地域食堂

保母室・相談室

2-5歳園舎

絵本室

0-1歳園舎

遊戯室

地域ギャラリー

地域アトリエ

マチワリ交差園
―マチワリ水路を介した横断的子ども園の提案―

KSGP
22169

石川 博利 Hiroto Ishikawa　　村上 龍紀 Tatunori Murakami　　澤木 花音 Kanon Sawaki

滋賀県立大学大学院 環境科学研究科 環境計画学専攻／滋賀県立大学 環境科学部 環境建築デザイン学科

本計画は、衰退する地域とマチワリ水路に対して、連続的に横断する子ども園を提案した作品である。

敷地は、滋賀県高島市大溝。大溝は、琵琶湖や里山など豊かな環境に囲まれた場所で、中でも"マチワリ水路"は道路の中心を流れる地域を象徴する水路である。かつては鮒寿司の製造やお酒造り、野菜の洗い場などさまざまな目的で用いられ、地域の生活・文化を支える中心的な場所として存在していた。現在、国の重要文化的景観に指定され水辺の景観性は高く評価される一方で、地域の少子高齢化や水路維持の担い手不足からかつて存在した水路を中心とした生活・文化性は失われている。

対象敷地／滋賀県高島市大溝地域
―マチワリ水路が通る琵琶湖畔の集落―

そこで本計画では、衰退する地域とマチワリ水路を横断する連続的な子ども園を挿入することで、水路とその周辺空間の再編及び活性化を図る。計画地は、地域内の空き地や空き家を対象として、マチワリ水路を縫うように子ども園を設計する。子ども園の安全性は、地域全体での歩車分離計画（駐車場計画）や子ども園内部のセキュリティラインの確保により担保する。

設計は、複数のマチワリ水路に対して交差するように新しい動線としての道的空間をつくり（操作①）、それらの境界を拡張するように子ども園を創出する（操作②）。地域の文化でもある水や石を用いて境界をつくり、それらを地域に対して開いたり閉じたりすることで水路とその周辺空間に外部や内部、それらのバッファー空間など多様な居場所をつくる。

これらの建築は、地域資源を循環させる器として提案する。空き家の解体で発生したコンクリートや石材を粉砕し、充填した蛇籠により道的空間をつくり上げることで地域が持つ石の文化を踏襲する。さらに、解体で生じた板材などは水路で利用するデッキやベンチ、室内のフローリングへと転用する。これらのプロセスにより、モノ・コトの地域循環を創出する。

平面計画は、子ども園と水路との交差点や地域全体で起こりうる生活シーンやそれらがつくるシークエンスを検討しながら、子どもと地域のシームレスな関係性をつくるために全体をグラウンドレベルのみでプランニングした。また、地域住民と観光客などの動線が比較的多いエリアにはアトリエやギャラリー、オープンキッチンなど地域に開いた機能を設け、そうでないところに年齢毎の教室など子ども園としての機能を設けた。

断面計画は、蛇籠に設けたパイプを通じて湧水を建築全体に巡らせ、蛇籠を蓄熱源としても計画した。湧水の安定した熱を利用して、夏は冷たく、冬は暖かい環境づくりを補助する。

本提案では、マチワリ水路に対して、新しい空間を交差させることで、水路に目を向け、一体的に使えるきっかけづくりを行った。子どもたちの活発なふるまいが小さな風景として集積し、さまざまなシーンを紡ぐ中で地域に根付く。かつてのマチワリ水路のように活気あふれる歴史的空間を再編し、未来へと継承することを目指した。

01 大溝の文化性

水の文化性

里山から琵琶湖までの連続的関係性の中で上水、中水、下水がマチワリ水路を介して有効に利用されてきた。しかし現在は、地域の少子高齢化と水路維持のための担い手不足などを背景に、かつてのような水路の利用はされていない。

出典：高島町史

石の文化性

マチワリ水路や塀、建物の基壇などは地域に存在した石切場で生産、加工されたものが使用されている。湖西地域では、現在も近隣に採石場が立地しているが、地域では利用されていない。

出典：高島町史

02 地域と子どもの新しい関係性

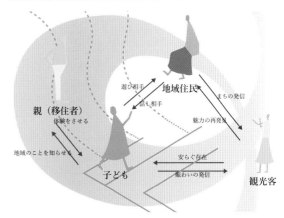

衰退する地域において、子育て世帯が流入することは地域の担い手の出現である。子どもという存在を地域で守り、大切に育てることで地域に新しくも強い関係性を構築する。

03 設計手法 ーマチワリ水路を横断する子ども園ー

操作1
- マチワリ水路との交点の創出 -

操作2
- 内部空間（子ども園）の創出 -

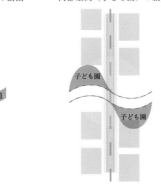

操作3
- 地域全体への波及＋地域の歩車分離計画 -

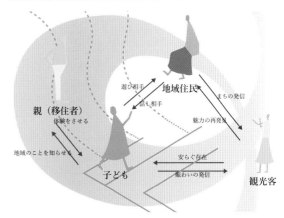

線的に拡がる都市空間の空き家や空き地を対象に、横断的マチワリ操作を行うことでマチワリ水路に対する交点を創出する。交点から波及する面的空間の創出は新しい公共空間の創出とともに、マチワリ水路の生活・文化的風景と水辺のコミュニティを再編する。

子ども園全体屋根伏せ図 S=1:250

04 構築手法 ー地域資源を循環させる器としての建築ー

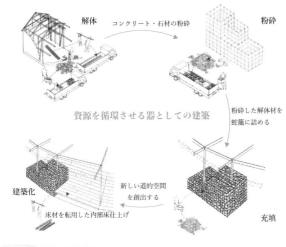

資源を循環させる器としての建築

湧水循環システム：湧水を通したパイプが蛇篭を蓄熱源として利用する

蛇篭：亜鉛アルミ合金めっき溶接金網Φ=5
砕石：周辺の空き家の基礎等を粉砕し充填
床：木材（解体材転用）

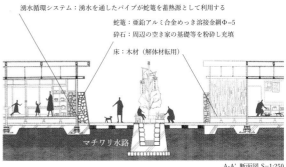

A-A' 断面図 S=1:250

「地域資源を循環させる器としての建築」として提案する。ここでは、空き家の解体によって発生したコンクリートや石を活かした蛇篭により地域の新しい道的空間を構成することで地域固有の石の文化を踏襲する。また、空き家の板材などはデッキやベンチに転用する。これらの構築プロセスによりモノ・コトの地域循環をつくる。

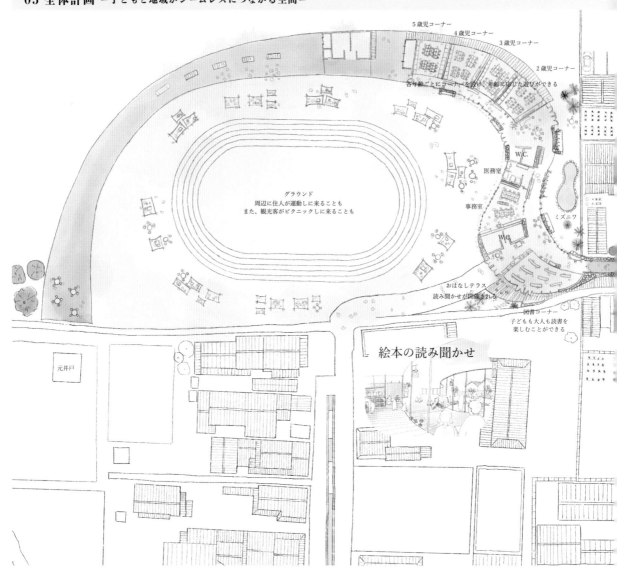

5歳児コーナー
4歳児コーナー
3歳児コーナー
各年齢ごとにコーナーを設け、年齢に応じた遊びができる
2歳児コーナー

W.C.

医務室

事務室

ミズニワ

W.C.

グラウンド
周辺に住人が運動に来ることも
また、観光客がピクニックに来ることも

おはなしテラス
読み聞かせが開催される

図書コーナー
子どもも大人も読書を
楽しむことができる

元井戸

絵本の読み聞かせ

質疑応答

塚本 ふなずしをつくっている写真を見せてくれたのはとても良かったのですが、道が自動車のためにあるのではなくて、仕事の場でもあったことが見てよくわかりますよね。マチワリ水路の姿を少し想像できたのですが、新しく提案しているこども園の配置を見ると、交差部分はあまり水路に面して何かをするという感じではなくて、どちらかというとゾーニングされています。「何歳児」というエリアのゾーンの継ぎ目のように位置づけられていて、あるいはまちと園の継ぎ目のようになっていて、あまり積極的にそこを中心に活動するというつくりではないように思いました。

石川 マチワリ水路に沿うように提案をし

なかったのは、マチワリ水路の歴史的な土木インフラとしての価値を尊重しつつも、使われなくなっているという現状があるので、使うきっかけを与える接点をつくるために交差させる形にしました。

塚本 土木インフラと言っているけれど、土木インフラではなかったのではないかという感じがするよね。今は水路の再建と道路の脇にあるから土木インフラのように見えるかもしれないけれど、生活インフラとして仕事するところがあった気がします。

西沢 空き地に建築をつくる時はバラバラにつくるのではなくて、関係性をつくることで、まち全体としてのアイデンティティをつくろうということかなと思っていたけれど、これを見ると

空き地につくるというわけではないんだね。

石川 水路に面している空き地と空き家を対象にしています。

西沢 空き家の用途変更や改造といった提案も混ざっているのですか？

石川 それは混ざってはいなくて、部材の地域循環です。

西沢 建物の足元の石垣に強いこだわりを感じるのですが、それも廃材利用なんですね？

石川 そうです。元々地域に石切場があって、石垣が多用される石の文化があったので、それを新しく蛇籠という形でやりました。

西沢 空き家を解体してその廃材で建物をつくる。その時に出てくる石や骨などは全部

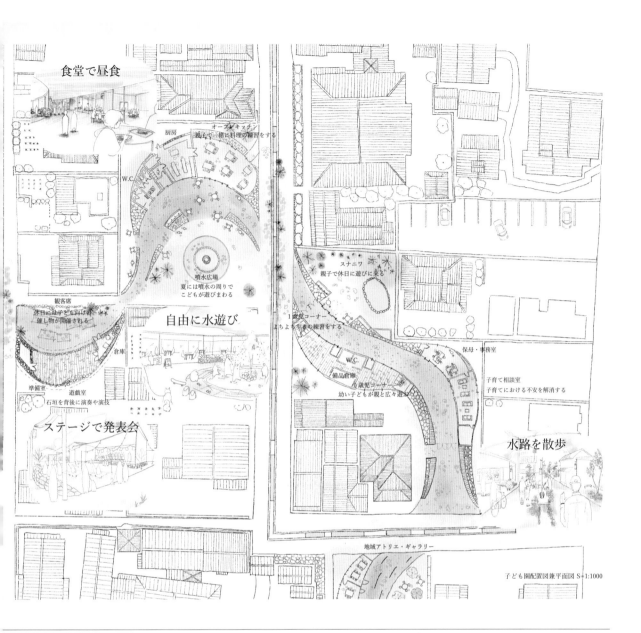

食堂で昼食

厨房

オープンキッチン
親子で一緒に料理の練習をする

W.C

自由に水遊び

噴水広場
夏には噴水の周りで
こどもが遊びまわる

観客席
休日に親子ども向けの
催し物が開催される

倉庫

準備室　遊戯室

石垣を背後に演奏や演技

ステージで発表会

スナニワ
親子で休日に遊びに来る

1歳児コーナー
よちよち歩きの練習をする

W.C.

備品倉庫

0歳児コーナー
幼い子どもが親と広々遊ぶ

保母・事務室

子育て相談室
子育てにおける不安を解消する

水路を散歩

地域アトリエ・ギャラリー

子ども園配置図兼平面図 S＝1:1000

再利用するの?

石川　はい。

西沢　では、既存の空き家も石を使った混構造的な住居なの?

石川　基礎の部分に石が使われているものもあります。

金野　マチワリ水路と商いの話も含めていい場所を見つけてきたと思うのですが、これが成り立たなくなった理由を考えると、そのままの水路では現代人が関わりにくいのではないかという気もします。水路自体の空間的な提案や、いろいろな水との関わりがあると思うのですが、その辺りで工夫したことを教えてください。

石川　水路は本当に、今はあるだけの存在になってしまっています。昔は注水や飲み水としても利用されていたのですが、そうではなくて、そこにあった生活的な公共性のようなものを再編したくてこの提案をしています。

金野　具体的に水路をもう少し後ろにリデザインするなど、それ自体を再編して水の使い方を提案するといった部分はありますか?

石川　水路に対しては、パブリックガーデンやベンチなど、水路に目を向けるきっかけとしての小さな操作はしています。

塚本　ベンチが置いてあるから、基本的には自動車は入れないようにするの?

石川　こども園なので安全性やセキュリティゾーンなども考えて、地域全体で駐車場の計画をして完全に歩車分離です。

塚本　ではこの青いところは歩行者専用になっているんだ?

石川　そうです。

宮下　私も用水との接点だけでは弱いと思っています。塚本さんとかなり近い意見です。水路沿いにも何かが置かれていたりデザインされているなどされているんでしょうか? 建物との接点のところだけに何かを仕掛けようとしているのか、どちらでしょう?

石川　建築の大きな提案としては接点だけにはなっていますが、ベンチがあるなど連続的に水路に……。

宮下　歩行者のエリアはそういうことをなされているのですね。

INTERSECT
天井川の文化と記憶を継承するコンバージョン

KSGP
22088

松山 勇貴 Yuki Matsuyama
大阪公立大学大学院 工学研究科

　山城盆地の馬坂川流域は天井川の多いところだ。天井川とは、河床が周囲の平地より高い川のことである。天井川と交差する箇所では、鉄道や道路が河川の下をくぐるという特異な光景を見ることができる。

　天井川は、風化した花崗岩が露出しているなど土砂流出量の多い河川が平地に出たところで、周囲で集約的な農業が営まれているなど河道が厳しく固定されている場合に発生するとされており、一般にその形成過程は、耕地を守るために河川に堤防を築くと流出した砂礫がたまって川底が高くなるため堤防を更に高くする、ということを繰り返した結果であると言われている。天井川をリサーチしていると、それは人々がどうにか自然

対象敷地／京都府京田辺市馬坂川

を手なずけようとした闘いの痕跡として、その歴史を伝えるもののように存在していると感じた。

　一方で、現代において天井川は無用の産物であるどころか交通の障壁になるなど地域の厄介者になり果てているという現状があり、河川の切り下げ工事によって天井川自体を取り壊し無に帰すような動きもある。しかし、そうした手法は土地の持つ記憶の消失につながるのではないだろうか？

　そこで、敷地となる馬坂川の形成法と京田辺市のまちのリサーチから、地層を露わにして、天井川の記憶を露出させるような建築が提案できないかと考えた。

　本提案は、地域の厄介者として消し去られようとしている馬坂川を、人々が集う場所へと変換する試みであり、京田辺市のまちに点在している土手や水道橋、それらの眺望などの文化や記憶を継承すると同時に、それらを体感することができる歴史体験博物館へとコンバージョンするものである。博物館のアプローチは河川の切り下げラインを利用し、地層が露出する内部空間を進むと美しい光が差し込む。内部を進むにつれ、奈良時代〜昭和までの地層を感じられ、同時にその堆積スピードと身体性が結びついた空間をかたち

づくる。内部は土手を彫り込むことにより河川の高さを下げて水を流し、天井川と直に接られる空間とした。また、土手の深さを利用したボイド空間や、土手の奥行と深さを利用した奥まった展示室など、土地の特性に配慮した設計とした。地上部には、土手の法面とクランクを利用した屋外桟敷席を配置した。この地では、江戸時代に奉納相撲が行われていたという歴史がある。そこでこの屋外桟敷席では、京田辺市の原風景である田園風景を背に奉納相撲を見ることや、さまざまな催し物で使われることを想定している。屋外桟敷席から先に進むと、水道橋を通り展望台に出るが、これは、馬坂川が閉じ込められている水道橋を人々の往来する橋へと転換する試みである。この展望台は天井川の持つ「高さ」というポテンシャルを生かしており、歴史と対峙してきた人々は水道橋を渡り、展望台から「今」の街をのぞむ。

　本提案を通して、これまで地域の厄介者として扱われてきた天井川の持つ地域固有の特性や文化・歴史について人々が知るきっかけを与え、また、天井川で分断されていた地域が、この再編計画によって人々の集まる場所へと再現されることで、新たな価値が見出されることを期待する。

01. 敷地　京都府京田辺市馬坂川　－街と川の歴史を辿る－

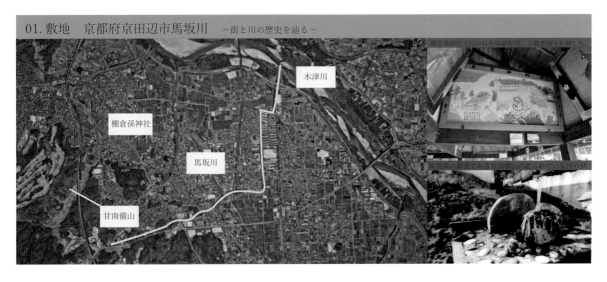

馬坂川　形成プロセス

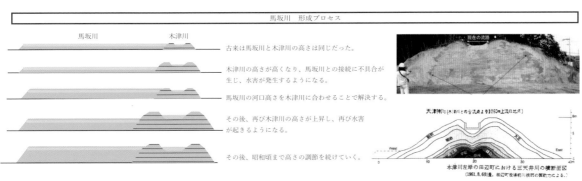

古来は馬坂川と木津川の高さは同じだった。

木津川の高さが高くなり、馬坂川との接続に不具合が生じ、水害が発生するようになる。

馬坂川の河口高さを木津川に合わせることで解決する。

その後、再び木津川の高さが上昇し、再び水害が起きるようになる。

その後、昭和頃まで高さの調節を続けていく。

---

02. 敷地　京都府京田辺市馬坂川　－切り刻まれた天井川－

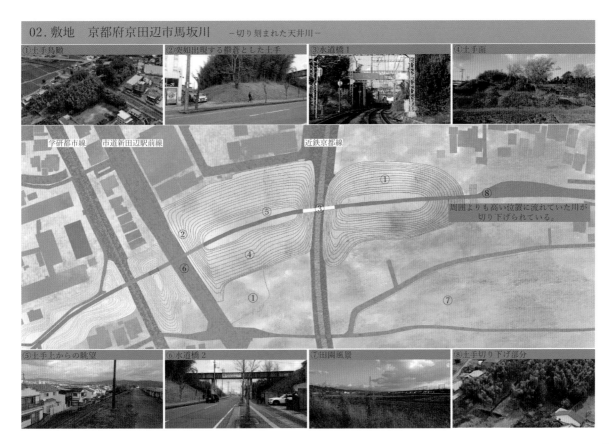

①土手鳥瞰　②突如出現する鬱蒼とした土手　③水道橋１　④土手面

学研都市線　市道新田辺駅前線　近鉄京都線

⑧閑間よりも高い位置に流れていた川が切り下げられている。

⑤土手上からの眺望　⑥水道橋２　⑦田園風景　⑧土手切り下げ部分

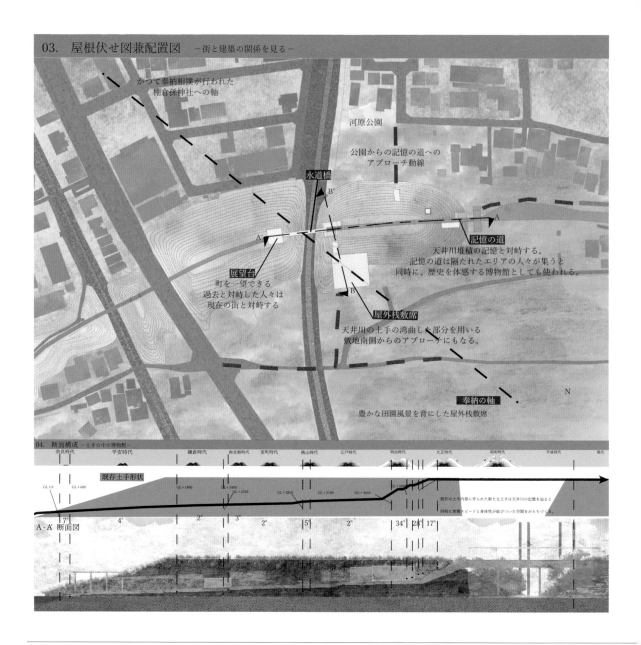

03. 屋根伏せ図兼配置図 −街と建築の関係を見る−

かつて奉納相撲が行われた
棚倉孫神社への軸

河原公園

公園からの記憶の道への
アプローチ動線

水道橋

B'

A'

A

記憶の道
天井川堆積の記憶と対峙する。
記憶の道は隔たれたエリアの人々が集うと
同時に、歴史を体感する博物館としても使われる。

展望台
町を一望できる
過去と対峙した人々は
現在の街と対峙する

B

屋外桟敷席
天井川の土手の湾曲した部分を用いる
敷地南側からのアプローチにもなる。

N

奉納の軸

豊かな田園風景を背にした屋外桟敷席

04. 断面構成 −土手の中の博物館−

奈良時代　平安時代　鎌倉時代　南北朝時代　室町時代　桃山時代　江戸時代　明治時代　大正時代　昭和時代　平成時代　現代

既存土手形状

GL±0　GL+600　　　GL+1800　GL+2400　GL+2850　GL+3100　GL+3650　GL+5800
GL+2550

既存の土手内部に作られた新たな土手は天井川の記憶を辿ると
同時に堆積スピードと身体性が結びついた空間をかたちづくる。

A-A' 断面図

7°　4°　2°　3°　2°　5°　34° 2° 17°

質疑応答

塚本 水道橋から急に落ちますよね。ここのところは滝みたいになったり、流れが速くなったりしてとても魅せどころだと思うのですが、あまり設計で説明してくれていません。そこは何となくただ水を下に流すだけにしているという印象ですけれど、水もおそらく地層を見せたいのだと思います。でも同時に、水の動きをそこにどう絡めるのかが大事だと思うので、水の動きについて少し説明してもらえませんか？

松山 正直に言いますと水の流れを意識して計画したものではないのですが、そのまま時代ごとに流していたというのは事実です。

塚本 今もあの地点で下がっているのですか？

松山 いえ、今はもう少し先に行ってから下げています。現状ですが、今まで最後に切り下げられているずっと高い部分に沿ってスライダーで機能しているのですけれど、それを僕の提案では土手を彫り込んでどんどん内部に入っていくことで、河川の高さをどんどん下げていくということをしていきます。

塚本 水道橋が終わったところで結構はっきり落ちていますよね。

松山 元々はこの高さで流れていたのですが、これを落としていくというその道をつくって、土手の内部にそれに沿わせて水を流しているので、元々のこの土手の高さに合わせています。

塚本 たとえば昔のランドスケープアーキテ

クトでローレンス・ハルプリンという人が、公共空間の広場にファウンテンをつくったのですが、水がずっと出なくて、水のないファウンテンなんですよ。時々決壊したみたいにドカーっと水が流れてきて、皆がびっくりするというようなものでした。そういうものをつくっている人もいるので、水の扱い方というのはもっといろいろな可能性があるのではないかと思います。だから少し聞いてみました。

西沢 僕が素晴らしいと思うのはこの歴史の素晴らしさで、それに着目したという感受性が一番素晴らしいと思います。それを設計の対象にしたのも素晴らしいことですが、設計そのものは一言で言えばやり過ぎで、そこまでやったらダメだと思う。特に地下であれば断面

05. 鳥瞰ダイアグラム

明治時代　昭和時代

南北朝時代

桃山時代

平安時代

昭和時代

江戸時代

室町時代

鎌倉時代

奈良時代

G　水道橋と展望台
　　~人々が往来する場所へと転用された水道橋~
　　歴史と対話してきた人々は水道橋を通り、展望台から「今」の街を鳥瞰する。

A　アプローチ
　　切り下げられた部分を利用した。

B　地層が露出する内部空間
　　美しい光が差し込む。

C　ボイド空間
　　土手の深さを利用したボイド空間。夜には美し月が映える。

D　奥まった展示室
　　土手の奥行と深さを利用した。靜の空間では、天井川に直に接することができる。

E　公園アプローチ
　　公園側の街から人々が集う。手前にあるのは、土手に生える木の根っこ。

F　屋外桟敷席 ~土手と法面とクランクを利用~
　　ハレの日では京田辺の原風景である田園を背に奉納相撲を見る。

を少し見せたいというのはその気持ちは偽りないことだと思うのだけれど、少しやり過ぎなので、他のやり方がなかったかなとは正直思いました。

松田　これは水の位置を少しずつ低くしていき、次第に低くしていくことにより、同時に過去の地層に戻っていくことを意識しているわけで、それによって歴史の重層性を見せたいというわけですよね。昨日の二次審査で話を聞いた時には、そこはよくわかったのですけれど、一方、今日のプレゼンを聞くと、建築物の話に重点が置かれ、それと水の流れとの関係があまりつながってこないのですが、その辺りはどういうつながりがあるのでしょうか？　今のままだと、周りの建築物の話がなくても成

立するかなと思うところはあったのですが、いかがでしょう？　建築と水の流れの話の連携はあった方が良いのでは、ということですね。

松山　建築とのつながりですが、たとえばこれを使ってこれをつくっているというのが、天井川があるせいで、この地域とここの地域にも隔たりができてしまっています。だからそれがやはり地域の厄介者として扱われている一番の原因でもあるので、こういうものを設けることで、天井川を人々が集まる場所へと再現したいということでつくっています。

塚本　つまり、Eの案からも外に出られるということは、短手の方向で通り抜けられるということですね？

松山　通り抜けられます。

松田　C案はそこから上に出られるということですか？　どうなっているのでしょうか？

松山　これは上には出られなくて、こういう中に光といったものを落として、展示スペースとしています。

塚本　そこが飛鳥時代だか何かの古い層だよね。それと月というのは何か関係があるの？

松山　その時代に何か月を撮ったみたいな資料を見たので、それを入れているという感じです。

文化の景と桜守 －観光と地域をつなぐ建築的保全-

4位

文化の景と桜守 ―観光と地域をつなぐ建築的保全―

KSGP
22098

林 晃希 Koki Hayashi　　小林 美穂 Miho Kobayashi　　山本 晃城 Koki Yamamoto　　牟礼 花恵 Hanae Mure
杉井 柊太 Syuta Sugii　　徳永 凱 Kai Tokunaga　　瀬畑 菜穂 Nao Sehata　　中野 凌 Ryo Nakano
藤井 愛音 Amane Hujii　　平尾 綱基 Tsunaki Hirao
大阪工業大学大学院 工学研究科 建築・都市デザイン工学専攻／大阪工業大学 工学部 建築学科

　桜がまちを彩り自然と人の営みによって生まれた文化的景観が存在する吉野山地区。現在、山は観光のために開拓がされ地域内で管理を行っていますがそれには限界に近いと言えます。景観の一つにある商住一体となった建築構成である「吉野建て」を、山を利用し保全するための「建築的保全」によって観光と地域の関係性とともに再編することを提案します。

　私たちは現在の状態を守ろうとすることに固執し、周辺環境などを断片的・盲目的に断つ保全に対し、他の環境的・社会的要因を抱き込むことで物言わぬ自然や地域、それを超える遠くの存在である他者とともにそのまちを更新し育むことができると考えました。

対象敷地／奈良県吉野郡吉野町「吉野山地区」。自然と人の営みによって生まれた文化的景観が存在する

　敷地の奈良県、吉野山地区には神事として献木された桜がまちを彩り、自然と人の営みによって生まれた文化的景観が存在します。また、吉野山の身近な資源を利用し、里山の景観を形成するという暮らしの一部が山の保全につながっていました。このように地域の生活とともにあった吉野山ですが、現在では神事とは関係なく、多くの桜の木が植えられてきました。しかし、現在では山を利用し保全する人の数は減り、観光業に依存するまちとなっています。肥大化した観光は地域を圧迫させ、また歴史的にも大事にしてきた土地に観光客を入れることは敬遠したくても今となっては親近しなくてはならない存在です。人口減少・少子高齢化は山を利用する担い手不足を呼び、山を地域内の者のみで管理するような消極的な保全は限界を迎え、さらに山々は観光用に開発され、文化的景観の衰退を招いています。

　そこで生活と観光を接続するために山を保全するという作法を共有し、観光客を客人として地域が受け入れることで、この地を保全している状態をつくることを提案します。そのためにこの地にある吉野建てを再編します。古来より他者が往来する吉野では外とのつながりを断ちつつ、つなぐ必要がありました。参道に面している吉野建て

の商機能と山に面する住機能でゾーニングされた構造を現在空き家となっている吉野建てにおいて再編することで、観光動線と生活動線の境界を滲ませていきます。

　参道沿いでは観光客と生活をシークエンスにつなぐ路面店舗が、地階では商と住をずらしたことで資源を持ち寄る空間が生まれ、商住の境界が滲み保全のアクティビティが形成されます。観光と地域の関係性を、建築的保全を介して桜の生育環境を整える過程で発生する吉野山の資源を利用することで接続させています。それにより、山を使いこなす活動、文化を保全する連関に観光客が組み込まれ吉野の地を守る担い手の1人となります。

　再編した吉野建てには観光客とともに風景を共有する視点場が当事者意識を誘発させ、建物周辺では土の攪拌や陶器制作といった吉野の文化的景観を再編する営為が溢れます。桜を守り育てる人たちは「桜守」と呼ばれています。しかしその数はごくわずかなものです。「建築的保全」を介したこの吉野で広がる文化的景観の再編によって、「桜守」のような存在が自然と創出されていくことを考えます。

現代の保全　‐‐‐‐‐▶　提案する保全　　　　更新されるまち

近年、持続可能な社会を目指した保全活動が盛んであるが、現代の「保全」は現在の状態を守ろうとすることに固執している。守ろうとする姿勢は様々な地域でそのまちの伝統と現在、環境などを断片的に捉えあるいは盲目的に関係性を断ち、共に生きることができていないことが示唆される。今ある「保全」を再編することで、敬意の姿勢を向けながらその地域を更新することができるのではないかと考える。

01　　奈良県吉野郡吉野町「吉野山地区」

1-1 山を愛でるまち

敷地は吉野山地区集落。神事としての献木によって植林されている桜がまちを彩り、自然と人の営みによって生まれた文化的景観が存在する。

1-2 日常に溶け込む「保全」

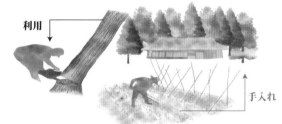

吉野山は世界有数の人工美林で、人々は身近な山という資源を利用してきた。それは里山という環境を形成し、利用することが山の「保全」にもなっていた。

02　　文化的な景観の喪失

2-1 敬遠し、親近する存在

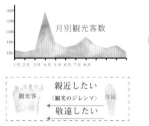

管理区域に無断侵入を繰り返す観光客は、コントロールできず、敬遠したい存在だが、観光業を依存する吉野では、親近しなければならない存在。

2-2 消極的な保全

吉野の問題として人口減少・少子高齢化が進み、担い手不足が目立つ。「山を閉じて管理する」ような「消極的な保全」は限界を迎え、さらに、山は観光用に開発され、文化的景観の衰退を招いている。

03　　山を開く、小さな建築

3-1　作法としての「保全」

生活に観光を接続するために、山を「保全」するという作法を共有することで「観光客」を「客人」として受け入れる。禁止的に保全するのではなく、「観光客」の介入を認めることで、暮らしを更新し、「保全」している状態をつくることを提案する。

3-2　山を開く操作

傾斜ならではの「吉野建て」を再編する。古来より他者が往来する吉野では外とのつながりを断ちつつ、つなげていく必要があった。参道に面している商機能と山に面する住機能でゾーニングされている構造を解体することによって、観光動線と生活動線の境界を滲ませていく。

04 　建築的保全が生み出す連関

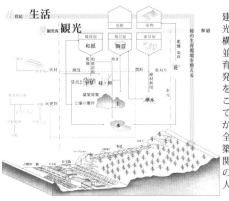

建築的保全を介して観光と地域の関係性を再構築する。参道沿いに並ぶ吉野建てと桜の生育環境を整える過程で発生した吉野山の資源を接続する。そうすることで山を使いこなしていくアクティビティが創出され、文化を保全するプログラムが構築される。観光客は連関に組み込まれ、吉野の地を守る担い手の一人となる。

地階：ずらしたことにより資源を持ち寄り、商住が連携したすまい

外観：土の撹拌、陶器制作などの文化的景観を再編する営為があふれる。

05 　文化的な景観を通して、地域と観光が共存する再編

朝支度を終え、軒下で少しの休憩。

通風

木から鉄の懸け造に。

陶器屋

葛もの売り場

短い倒木などは陶芸作りの新に利用する。

自然公園
近隣の子供たちの遊び場。

懸造り
観光客が少ない季節や時間帯には生活の足場となる。

土を撹拌させ、一部回収して陶芸の粘土として利用する。

人の活動に寄り添う懸け造は心地よい風を通す。

質疑応答

宮下 パースは美しく、楽しげな風景が展開していると思います。よくわからなかったのは、循環の中で桜など木の保全をするという話です。その担い手がいなくなってしまっていることが問題で、実際にこれができることでどう担い手が増えていくのかが少し理解できませんでした。観光客のような人たちが担い手になっていくのか、あくまで地元の人たちがやっていくのか？また、どのようにその担い手を増やすのか？その辺りはどうでしょうか？

林 かつては地域の方たちだけで、山を利用することで保全していたのですが、その人たちが減っているので、この提案では観光客の人たちと一緒に山の保全を行います。

その入口として、吉野建ての構成の商と住の分断で参道沿いに商があるので、それを介して山にアクセスします。

宮下 吉野建ては2階が商で1階が住なので、その仕掛けで下まで観光客を引っ張ってこようということかな？

林 それが目的です。上の部分が幕屋さんや和紙屋さん、服屋さんなどが入っている参道ですが、たとえば陶器屋さんであれば、桜の土壌環境を良くするために土を撹拌する中で獲得できる土を、陶器の製作体験に使うことができます。

宮下 それは商のプログラムの話だよね。階段状のデッキみたいなものがたくさん出てきているけれど、そういうものが本来上しか

通っていない観光客を、桜が咲いている根本まで持っていく仕掛けという理解でいいのかな？

林 はい。そのアクセスを、たとえば倒木や、切った枝を乾燥させる場所としても利用することを考えています。

伊藤 桜が献木として植えられたという経緯と、保全活動がどうリンクしているかが気になっています。たとえば四国のお遍路さんは客人として迎えていますが、弘法大師として迎えていると思うんですよ。単なる観光客でなく、目に見える仕掛けみたいなものもあると思いますが、その辺はいかがですか？

林 献木の話が出てきた理由は、平安時代から神事として、子どもが生まれたり結

参道沿い：観光客と生活をシークエンスにつなぐ路面店舗。

内部：風景を共有する視点場が観光客に当事者意識を誘導する。

会場にて

屋根のずれは熱だまりの排出を行う換気窓となる。

WS
染物を干すことで、影の空間ができ休憩所になる。

吉野桜

ものつくり工房

キモノ RENTAL

呉服屋

注染施設

倒木ガレージ
日陰乾燥や木材加工や塗装の作業を行う場とする。木材が変形しないよう空気が通りやすく湿気が溜まらない空間とする。

欄囲きやそそぎ染などの作業場とする。下草刈で得た花を染料に加工する。

断面図

婚したりといった祝祭的な場面で桜を献木していたということがありました。今は千本桜と呼ばれる吉野の山の桜の風景を見せるために、桜がどんどん植えられていて、それによって連作障害のような形で土壌が悪くなっている現状があり、それを改善するために観光客が入ってきます。

伊藤 提案の中身と献木がどうリンクしているのかを知りたいです。単に改善すると言っても環境の問題だけですよね？ 献木とは違うと思うので、文化としてどうつながっているのかを知りたいです。

塚本 メンテナンスを観光に来た人たちもやるのはすごくいいのですが、そうすると商業というよりは道具小屋とかツールシェッドとか、作業した後は汗をかくからシャワーを浴びたり着替えたりとか、そういう場所だとリアリティがあると思います。それがあまり見当たらないのはどうしてなのかと思って見ていましたが、どういう作業をどこでするのかを説明して欲しいです。

林 作業をする場所はもっと山手側の方です。最初の段階では手前でもいいと思うのですが、どんどん場所を変えていく中で、作業する場としてはそちらの方になります。

塚本 この計画に入っているところとは違う場所で作業をして、道具もそちらに置いてあるのかな？

林 はい。

西沢 伝統的な建築もしくは既存の建物の改修ということで、こちら側に吉野建てを展開していくのはわかったのですが、平面がすごく自由ですよね。それが伝統的な建築もしくは木造の在来工法のプランニングの思想に対立する気がします。半屋外空間に入れるのはとても良さそうですが、自由に平面をつくっていることに疑問を感じます。

林 元々吉野建てはかなり密に重なっているのですが、たとえば斜めの壁を入れることで、桜の斜面地に対して交差点に抜ける形が見られるといった場面をつくるために、このようにしていました。

4位

冬は短し、動けよ　やぐら
― 大根やぐらの仮設技術を用いた宮崎の風景の再編 ―

KSGP 22117　湯免 鮎美 Ayumi Yumen

九州大学 工学部 建築学科

　宮崎市田野町には大根やぐらという大根を干す架構物が、その地域独自の魅力的な景観をつくり上げている。大根やぐらは長さ6mの竹でつくられ、毎年農家の人の手によって建てられている。しかし、それらは衰退の危機にあることから、大根やぐらに使われるものと同じ材料で新たな機能を持ち、人々の新たな居場所となる竹建築物へと姿を変える「大根やぐらケンチク」を提案した。

　大根やぐらケンチクを、農業の道具としてしか使われていなかった大根やぐらに、建築の要素を付加した人の集まる空間を持つものと定義し、3つほどの農家で一つのものをつくることによって出来上がる。これによって、切り離された農家の関係性は、大根やぐらケンチクを一緒に組み立てることにより、新たな関係性を構築できる。また、大根やぐらを建てる冬の季節には、大根やぐらの建設を手伝い合うことで力不足を補いあい、技術を継承していく。

　材料は長さ6mの孟宗竹と、5本糸入りビニールテープである。トラックに乗って手を伸ばした長さ、2.8m以内を手が届く長さとし、施工方法を考慮して設計を行った。手法も、大根やぐらの施工の際に用いられるこれらを組み合わせたものとした。また、大根やぐら農家の人の特徴を観察したところ、①長さを図ること、②平行に竹を配置すること、③細かな調整をすることなど、丁寧な仕事ぶりが見受けられ、生かそうと考えた。

　具体的な大根やぐらケンチクとして、本提案では、①大根畑のあぜ道に「大根やぐらのトンネル」、②畑の端に竹の保管スペースを兼ねた「大根やぐらの休憩所」、③小さな大根やぐらに幕を張ってテントのようにした「大根やぐらのお宿」、④竹の直線材で構成されたやわらかな曲面を用い、あぜ道に被せた「大根やぐらの直売所」、⑤大根やぐらを町の外の海に置いた「大根やぐらのギャラリー」、の5つをつくった。

　農家の人の生活に密着してきた大根やぐらを再考するにあたって、農家の人々がこれまで行ってきた作業、暮らしを壊すことなくとも、この地域を盛り上げることのできる魅力的な新しい景観をつくりたいと考えた。大規模な建築をシンボルとして建てることが町おこしに役立つという考えもあるが、今回そのような手法をとるのは、農家の人々が大切にしてきた建築と技術を生かしているとは言えず、得策ではないと考えた。

　また、大根やぐらの美しさは、単体できれいなのももちろんであるが、同じ大きさの大根やぐらがたくさん並んでいる風景にあると現地で大根やぐらを見て感じた。そのような感覚はこれからこの町を訪れる人々にも私と同じように感じてもらいたいと思い、用途は異なるものの大根やぐらと同じ規模の似た形の建築を分散させることによって新しい風景をつくった。

　そして、その風景が、冬は従来の大根やぐら、夏は本提案である大根やぐらケンチク、と移り変わりを見せていき、発展を遂げていくのである。

対象敷地／宮崎市田野町の大根やぐらがこの町独自の風景を織りなしている。

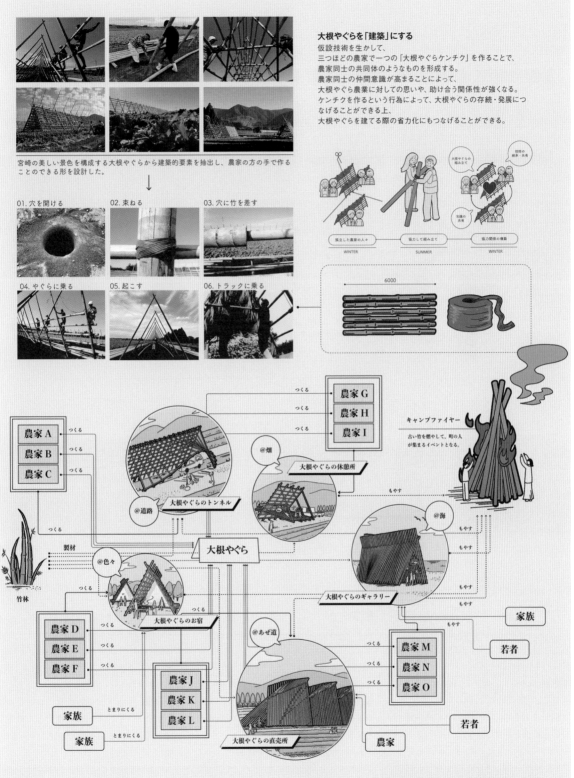

大根やぐらを「建築」にする

仮設技術を生かして、
三つほどの農家で一つの「大根やぐらケンチク」を作ることで、
農家同士の共同体のようなものを形成する。
農家同士の仲間意識が高まることによって、
大根やぐら農業に対しての思いや、助け合う関係性が強くなる。
ケンチクを作るという行為によって、大根やぐらの存続・発展につなげることができる上、
大根やぐらを建てる際の省力化にもつなげることができる。

宮崎の美しい景色を構成する大根やぐらから建築的要素を抽出し、農家の方の手で作ることのできる形を設計した。

01. 穴を開ける
02. 束ねる
03. 穴に竹を差す
04. やぐらに乗る
05. 起こす
06. トラックに乗る

大根やぐらケンチクの生み出す新たな関係性

農業の道具としてしか使われていなかった大根やぐらに建築空間をもたらす「大根やぐらケンチク」は農家の人同士の協力によって成り立つものであり、様々な新しい人間関係を築くものとなる。
伐採され、大根やぐらや大根やぐら建築に使われ、古くなって使われなくなった竹は一斉に燃やされ、大根やぐらの核を担う竹の新陳代謝を象徴するものとなる。

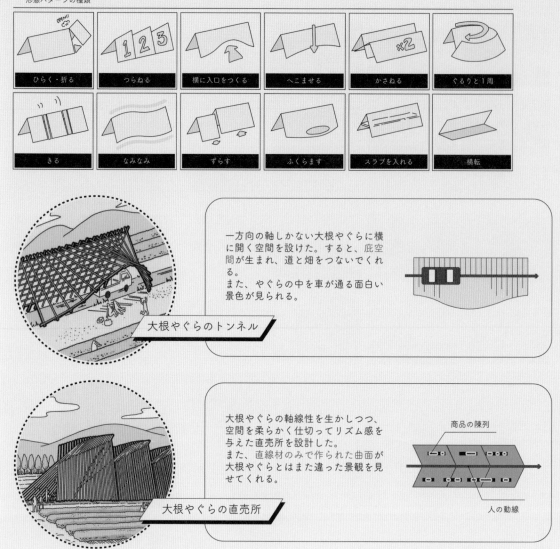

ひらく・折る	つらねる	横に入口をつくる	へこませる	かさねる	ぐるりと1周
きる	なみなみ	ずらす	ふくらます	スラブを入れる	横転

一方向の軸しかない大根やぐらに横に開く空間を設けた。すると、庇空間が生まれ、道と畑をつないでくれる。
また、やぐらの中を車が通る面白い景色が見られる。

大根やぐらのトンネル

大根やぐらの軸線性を生かしつつ、空間を柔らかく仕切ってリズム感を与えた直売所を設計した。
また、直線材のみで作られた曲面が大根やぐらとはまた違った景観を見せてくれる。

大根やぐらの直売所

商品の陳列

人の動線

松田 家族と農家のダイアグラムの説明が結構複雑に見え、まだよくわかっていないのですが、もう少し教えてください。

湯免 元々3つの農家でつくられていた大根やぐらを夏の時期に、同じメンバーでつくることによって1年のサイクルで協力関係をつくり、技術を共有し合って新しい形態をつくっていくという流れです。新しい用途を付加したものをつくっていくことで新しい若者や観光客、訪れる人々の目に止まるという感じです。

松田 3つの農家でつくるのはわかるのですが、農家以外に書いてある「家族」とはどういう家族がそこに入ってくるのですか?

湯免 基本的にその農家が家族です。この家族は観光客として泊まりに来る家族です。

松田 家族と書いてあるけれど、観光客としての家族もいるということなんですね。

湯免 つくるのは農家の人で、手伝いたいと思ったらどんどん入っていくという関係性です。

塚本 50mのものも3つの農家でつくっているのですね。3つの農家でつくっている大根やぐらを夏の間は別の形にすると言っていたので理解しました。

湯免 大根やぐら自体は割とつくり方がシンプルなので、元々は一農家で一つつくっているのですが、つくる時期に少しずつずれ

があるので、人手が足りない時にその3人の中の他の家族を……。

塚本 だからあなたが考えたものは3農家1組で動くのですね。だけど、なぜ3農家1組なのですか?

湯免 私は実際に組み立ての手伝いに行ったのですが、その時に聞いた人数規模で3農家くらいが必要だということで決めました。

西沢 大根やぐらは構造が素晴らしいのはすごく伝わってきて、それが単に建物としてだけではなくて、風景として素晴らしいのもよくわかります。けれど、もう少しマスタープランというか、この模型が気になって、何か抜粋でつくっている感じがします。配置も自由な感じが

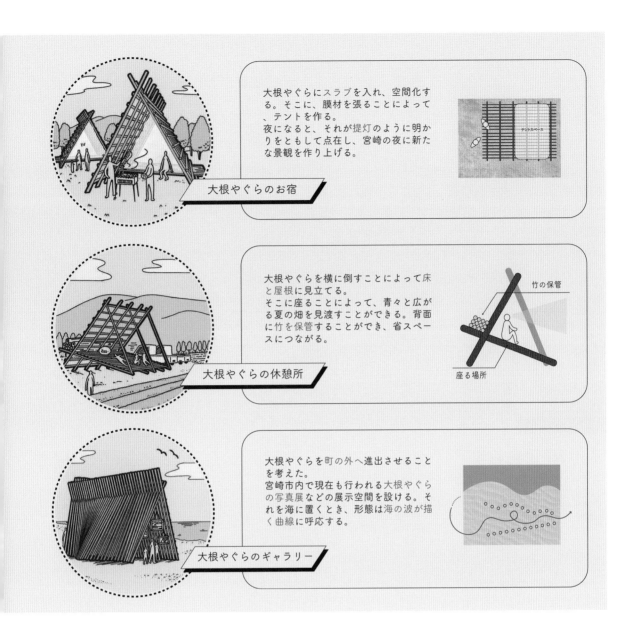

大根やぐらにスラブを入れ、空間化する。そこに、膜材を張ることによって、テントを作る。
夜になると、それが提灯のように明かりをともして点在し、宮崎の夜に新たな景観を作り上げる。

大根やぐらのお宿

大根やぐらを横に倒すことによって床と屋根に見立てる。
そこに座ることによって、青々と広がる夏の畑を見渡すことができる。背面に竹を保管することができ、省スペースにつながる。

竹の保管

座る場所

大根やぐらの休憩所

大根やぐらを町の外へ進出させることを考えた。
宮崎市内で現在も行われる大根やぐらの写真展などの展示空間を設ける。それを海に置くとき、形態は海の波が描く曲線に呼応する。

大根やぐらのギャラリー

して、何となく芸術祭にアーティストが呼ばれてやりましたという、大地から切り離された自由創作に見えてしまうんだよね。でも提案の骨子は、農家の人たちが自分たちで組み入れる仮設で一瞬のものだけれど、それがこの大地の風景になっているということです。それが畑との連続性の中でとても合理的に、機能的に、安さや手軽さも含めて全体合理主義があって、それが風景になっているという素晴らしさがあると思います。その時にこういう模型をつくってしまうと、そういう関係を断って「建物だけで勝負」のように見えてしまい、その雄々しさのようなものはもう少し表現しても良かったと思います。それから、ここに突然ビーチが出てくるよね？

湯免　それは大根やぐらがまちの外に出て行った時にどうなるかを考えた時に、たとえば海に持っていくとどうかという提案です。

西沢　あまりこうやって抜粋的に、標本的に展示しない方が気持ちが伝わったのではないかな。風向きとか、そういうのもおそらくあるんだよね？

湯免　そうです。

西沢　台地は素晴らしいのに、その中にフリースタンディング的に置いています。でも、実際は美しい畑と調和しながらより美しくなるという形で投げ出されればいいと思うのだけどね。あちらはすごく勝負どころの一つというような気がします。大きさを変えるというのは一つのいいアイデアかもしれない。

湯免　景色の惜しい部分としては、元々の大根やぐらが同じ方向を向いて並んでいるのが冬の時期で、それと対比した離散的な、いろいろな方向へ向いたいろいろな形だったというその対比を本当は表したかったのです。本当は比較の模型を付けるべきだったと思います。

西沢　冬は風向きに並行で、夏はどうなっているの？

湯免　夏は一番手前の部分などは結構小さなボリュームのものになるので、そういうものはあまり向きを気にせずに行っています。長いものは基本的に畦道だったり、道路だったりといったものに沿ってつくっているので、そういうもので方向を決めています。

「共界」に暮らす
~50cmの干満差を利用したともに生きるための境界~

KSGP 22056　半澤 諒　　池上 真未子　　井宮 靖崇　　小瀧 玄太
Ryo Hanzawa　Mamiko Ikegami　Yasutaka Imiya　Genta Kotaki

大阪工業大学大学院 ロボティクス&デザイン工学研究科 ロボティクス&デザイン工学専攻

敷地は、京都府伊根町。

伝統的建造物群保存地区の舟屋群がある。

日本海に面する伊根湾は、波が穏やかで、一年を通じての水位差は最大で50cmと小さくなっている。この僅かな水位差により生み出された、伝統的な建築様式である舟屋は、かつて舟を格納し、漁師の作業場として機能していた。しかし生活形態の変化に伴い、海側を埋め立て護岸をつくることで、舟屋も生活の場として使われることとなった。

結果、海と舟屋との関係は途絶え、その特徴的な建築形態だけが残っている。

また、近年はその特徴的なファサードを観光資源とした観光業が栄え、多くの観光客が訪れて

対象敷地／京都府 伊根町

いる。一方で、空き地などに所有者の許可なく侵入する者が増えるなど、観光客との共存に悩まされている。観光客の配慮のない行動により住居が道に対して閉じきり、その結果、コミュニティの希薄化も進んでいる。

漁業の衰退とともに、生活形態の乖離によって、舟屋のファサードは表層的なものに成り下がったと言える。

この問題に対して、伊根特有の僅かな水位差を用いて、海とともに生きる伊根の風景に、観光客を巻き込みながら再編し、観光地特有の新たな生活形態を提案する。

道に対して閉じた住戸の1階部分を減築し、道に開放する。その空間に深さ70cm幅1.5mの断面的な境界をつくり、吹き抜けを設けることで道と住居のつながりを再構築した。

潮の満ち引きで、フロアがつながったり切れたりすることにより、空間の性質が変化する。

潮が引くにつれて、道に存在していた公共性が土間に入り込み、土間空間の段差では、さまざまなアクティビティが行われる。

"朝7時、潮が満ちた状態から1日が始まる。観光客や隣人との関係を絶つ境界がプライベートの空間を生み出す。境界を介して、隣人の気配を感じ、水庭から反射した朝日を浴びながら読書する。1人の時間を過ごす空間となる。

昼12時、潮が引くと、隣人とをつなぐ境界がクローズコモンの空間を生み出す。観光客とすれ違う昼時、朝とった魚を干したり、漁具の手入れをするなど、生活行為が表出し、船上タクシーからは生活風景が垣間見える。

夕方17時、さらに潮が引き、観光客と隣人とをつなげる境界がオープンコモンの空間を生み出す。境界では魚の解体ショーやカフェなど、観光客も介入できる縁側のような空間となる。

夜22時、再び潮が満ち、昼と同じクローズコモンの空間を生み出す。昼間の賑わいとは一転し、釣った魚やアテを持ち寄り、晩酌を行う憩いの空間となる。"

海の営みにより可変する境界が、多様な関係性を生み出す。50cmの干満差を利用し、暮らす人と訪れる人がともに生きるための建築となる。

伊根舟屋建築様式の変遷

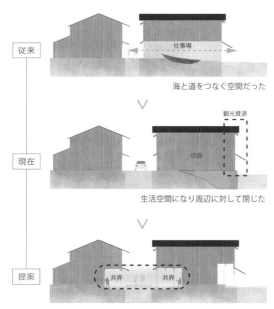

従来

海と道をつなぐ空間だった

∨

現在

生活空間になり周辺に対して閉じた

∨

提案

舟屋群は漁師の仕事場や生活の場だったが、観光地化に街がついてこれていない。可変する境界による新たな伊根の姿を提案する。

共界の構築

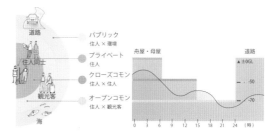

水位差を利用し、他者との境界を段階的に操作する。他者との距離を自然の力に委ねる。

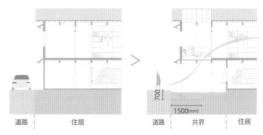

道に閉じた住戸の一階を減築し、道と住居のつながりを再構築する。かつての伊根の風景に観光客を巻き込みながら再編する。

3つのメソッド

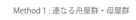

Method 1：連なる舟屋群・母屋群
共用廊下・裏土間で繋がる

Method 2：保存される舟屋
公共施設を利用

Method 3：海へ誘う堤防
空き地を利用

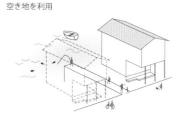

潮の満ち引きが、他者との関係に変化をもたらす

満潮 ----- プライベート ----------------------------- クローズコモン ------------------------- オープンコモン ----- 干潮

scene1 ： 満潮時の閉じられた共界

scene2 ： 干満の間、隣同士が繋がる共界

scene3 ： 干潮時の他者と繋がる共界

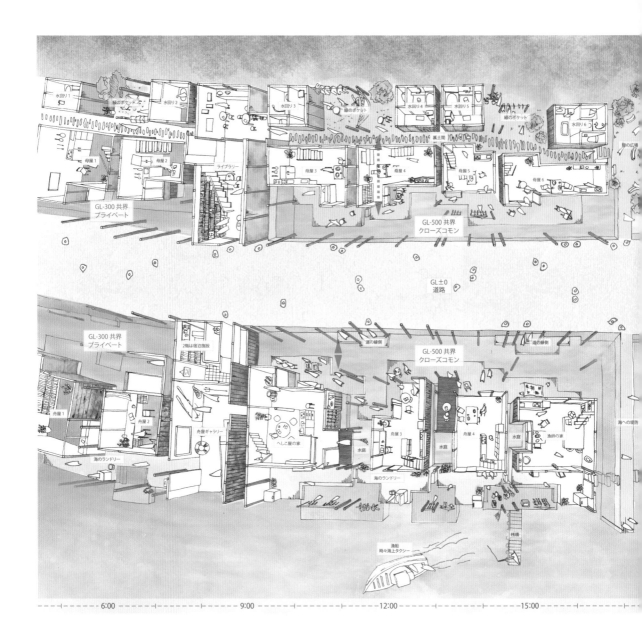

金野　伊根はとても素敵な地域で、水の側から見て建築に船が入ることで、住宅だけれど、人間のスケールを超えたものを受け止めているというまちの見え方が特徴だと思います。プレゼンでは、かなり人間的な50cmの干満差から始まり、プランの解き方も人間スケールの中で解決しているようにも見えるのですが、舟屋だからこそできる、人間を超えたスケールや、その想像を喚起するような空間について、考えたことがあれば教えてください。

池上　舟屋が元々船に入っていたという人間との関係性を説いたのではなく、昔あった海とのつながりという生業を舟屋制と捉えていたので、その生業を含めた人間関係という

風景を考えてつくりました。

伊藤　気になったのは、世界的に見ると、地球温暖化で海面上昇という問題が起こっていますよね。干潮時と満潮時の水位を使うという話ですけれど、たとえば求めていないのに海水が入ってきてしまうインドネシアみたいな風景ととても似ていると思います。そういうものに対して、何らかのコメンタリーを含んでいるのか、含んでいないとしたらすごくのんきな建築に見えてしまうと思うのです。その辺はいかがですか?

池上　湾状になっているので、地球温暖化についてはあまり案には入れていません。

松田　やっていることはとても面白いと思います。一方、目指しているところがかつての関

係性を取り戻すことなのか、あるいはどちらかというと再解釈で、今の海と舟屋との関係性を新しくつくり替えようとしているのか、どちらなのかが気になりました。内部に水を引き込むというのは、かつての関係とも結構違う方向性かもしれません。この辺り、どういうことを考えられているでしょうか?

池上　伊根では海と暮らしてきた中で、現在船が人々の住む住居に変わったことで、一階部分に壁ができてしまって、そもそもまちとして海との関係も途絶えてしまっています。船は海との関係を築いているようで、実は築いていないのではないかと思います。舟屋制が表層的なものに成り下がっていると感じていて、海を少し引き込むことで、まちと

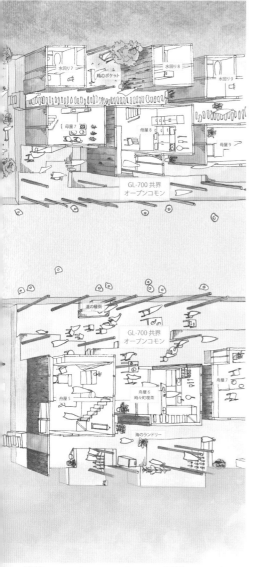

GL-700 共界
オープンコモン

GL-700 共界
オープンコモン

------18:00------ ------21:00------

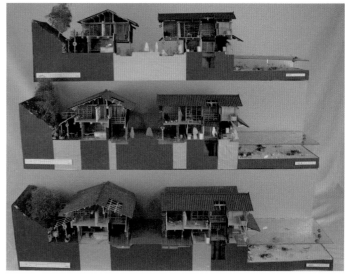

しても、かつての海と生きていた暮らしが風景として再編できるのではないかと考えています。

塚本 干潮や満潮は刻々と変わっていくけれど、それで人間の生活はそれほど変わらないですよね。だから想定しているのはあるタイミングの干潮・満潮の時で、ここに水位と時間が書いてあるけれど、これは日によって時間がどんどん変わっていくので、どう考えているのかなと思いました。

池上 それが一つ、この案の見せたいところで、自然の力は自分たちでは操作できません。それを上手く取り込んで、生活の境界の部分で行われるアクティビティが変わっていく。人間が操作してしまうと都合のいい関係

で終わってしまうので、観光客を寄せつけない関係のまま終わってしまうのではなく、潮の満ち引きという自然の力に委ねることで、さまざまなアクティビティが起きることが、かつて海と生きてきた伊根では可能だと考えています。

塚本 たとえば12月2日だと朝8時1分に満潮になりますよね。8時に満潮だと家から道側に出られないよね?

池上 動線は裏土間があります。

塚本 もちろん裏の動線はあるけれど、結局アクセスできるので、観光客もやがて裏側からも入ってくるようになる気がする。観光客が来られる時間帯も決まっているので、昼頃に干潮を狙って来ようと思うと11月26日は

10時15分とか、11月27日は11時とか、その辺のタイミングはいいけれども、干潮が朝早かったり、夜中だったりすると観光客は来られないというのもあって、だから少し一面的だと思ったのだけれど、その辺はアイデアだからいいという感じなんだね。

綴く半透明の物語

KSGP 22130　内野 佳音 Kanon Uchino
日本大学大学院 生産工学研究科 建築工学専攻

　現代の建築と人の関わり方というのは、利便性や効率化、目先の快適さを求めるあまり、ただの道具と人の関係となってしまっている。人はなぜ建築空間に身を置くことにしたのか、この疑問は、近代建築が浸透する前の建築様式からその時代の人々の生活や考え方を学び、理解することで少しずつ答えを見つけることができるのではないか。その学びから現代に通ずる新たな建築空間と人の関係を構築する。

　今回は、ロマネスク様式のシトー会の修道院に絞り、ル・トロネ修道院に着目する。石を通じ、人の五感を刺激し、自分自身と向き合い、祈り、自然と暮らす空間をつくる。

　計画地は、フランス プロヴァンス地方のトゥルトゥル市から少し南に下った場所。現在は、ル・トロネ修道院の前身でありつつも、人の手が離れ、身廊のみを残し朽ちてしまった状態のフロリエル修道院が残っており、修道院にあったであろう回廊を元に設計する。垂直水平で構成する新しい回廊によって身廊ごと囲い、自然とのコントラストをつくる。それによって周囲との空間から切り離された聖域をつくり出す。

　身廊のみのフロリエル修道院は、自然の中にただ放置され、何にも守られず守れず、外界に晒されている。周辺自然を新しい回廊によって分け、ともに時を過ごした自然を含めたものを聖域とし、自然が生まれては朽ちていくサイクルを自然な時の流れとして感じてもらうため、普段人は立ち入らないような中庭とする。

　回廊のボリュームは同一平面上に配置しているが、回廊を進むとアップダウンを繰り返す床や、光を操作する壁、山の中に入り込む構成でさまざまな祈りの空間を形成していく。

　回廊を巡るにつれ、中庭に守られた修道院との距離が変化するため、見え隠れする景色と流れる霧によって時の流れを演出する。

　さまざまな祈りの空間と多角的な居場所を提供するために、壁に囲まれた一人スケールの空間、

数人で広々と自由な利用ができる空間、一人か二人が通れる細く繋がる空間、歩くも留まるも祈るも自由な空間などを構成した5つのパターンに対して疎密を持って配置していく。

　川の流れに沿って回廊内に霧が流れ込むことで、見え隠れする回廊を人々は、何気なく歩いていた小道から発見し、回廊に誘われるように歩き回る。その中で修道院とともに時を過ごした中庭がフロリエル修道院と回廊を繋ぎ、進む内に回廊はフロリエル修道院に近づき、廃墟を吹き抜ける風とだんだんと朽ちていく音が聴こえてくる。五感で聖なる空間を感じつつ、人々は歩く回廊と留まる回廊が交わる空間に進む。人々は自分の状態にあった空間に身を預ける。さらに回廊を進み、山に入り込むことで、より一層静かに祈りを捧げる空間に身を置く。しばらくその場に留まった後さらに進み、山から抜けた回廊で人々は、光が霧や周囲に反射することによって、心は晴れやかになる。

　このようにさまざまな特徴を持った祈りの空間を巡り、神秘的な体験をしては、また外の世界に戻っていくという物語を通して、人々は自然と向き合い、この地が永久的に人々の心に紡がれていくことを願う。

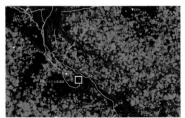

対象敷地／Florielle, 83690 Tourtour, France
Abbaye de Florièyes

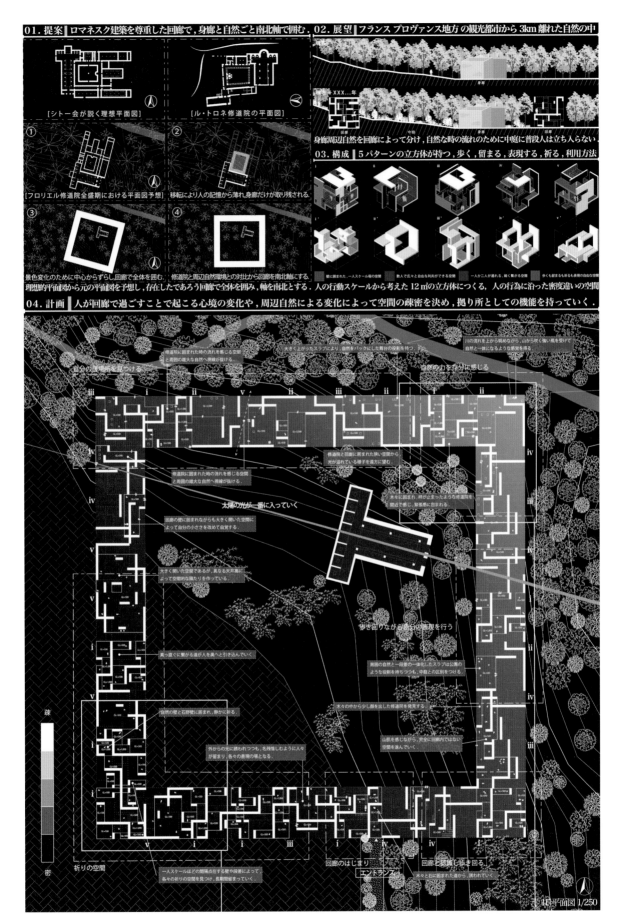

回廊は，山奥の中に続く小道から霧で少し隠された回廊を発見した人を誘っていく．

South　　　　　　　　　　　　　East

誰も立ち入ることのできない中庭の自然が，フロリエル修道院と回廊を繋いでいる．

質疑
応答

塚本　5つの説明をもう少しし
てください。

内野　この5つのパターンは、
同じ形を組み合わせてつくった簡単な操作
によるものです。一つ目は壁に囲まれた一人
スケールの空間が多くつくられて密度が高
い空間です。2番は周りの空間が見えるよう
に疎の空間が多く、3番は一人や二人が通
れる細くつながる空間が多く、4番は一人が
留まる空間や細く一人が通れる空間など、さ
まざまに入り組んでいるものとなっていて、5
番は歩くも留まるも、表現の自由度が高い空
間です。

塚本　どの辺に特に表れていますか?

内野　青の部分が壁に囲まれた一人ス

ケールの空間になっていて、ここは一人で自
分と向き合って過ごす場所です。茶色の部
分は数人で広々と自由な利用ができる空間
になっていて、自分の中に秘めた言葉にはで
きない想いなどを踊りや歌に表現して、ただ
言葉で祈るだけではなく、表現すること自体
も神に対する祈りだと考えて、そういうことが
できる空間です。紫の空間は一人や二人が
通れて、人とすれ違うことができる、人と出会
うことができる細く広がる空間になっていま
す。緑は一人で何をしてもいいし、二人か三
人の少人数で何をしてもいいし、大人数で
祈りの空間として利用することも可能な空間
にしています。

塚本　実際は4種類なんですね。4つのデ

ザインで組み合わせがいろいろあるから、この
5はたまたま出しているに過ぎなくて、基本的
にはもっとたくさんあるわけですよね。むしろ4
の方に意味があるのですね?

内野　そうです。

金野　修道院の原型の全体像の中から、4
つの行為というのを取り出していたと思いま
すが、全体としてはどういう一日の流れを想定
したのか、全体性があるのかないのかが読み
取れなかったのでもう少し教えて欲しいです。
スケール感や一日の時間の中でこれらの空
間をどう体験するか、いかに想定して現代に
再編したのか、考えたことがあれば伺いたい
です。

内野　回廊内での過ごし方は、全体的にさ

歩くと留まる回廊が交わり，人はその時の状態に沿って自分に合った居場所を見つける．

North　　　　　　　　　　West

山に入り込んだ祈りの場から外へ戻る時，光は霧や周囲に反射し心は晴れやかになる．

まざまな祈りの空間を形成していて、一日で全てを回り切るとは想定していません。数日泊まっても、頑張って一日で歩き回ってもいいのですが、全体の流れとしては、最初は森の中で歩みを進めて、回廊を見つけて入って、回廊に慣れるために人々が歩き回る想定です。入口近くの回廊内ではあまりフロリエル修道院は見られないので、回廊に慣れていく時間となり、もう少し進むとフロリエル修道院がだんだん見えて近づいてきます。古い修道院には朽ちた建物があるので、その中を吹き抜けていく風が歴史を感じるものとなったり、元々この中は神が祈る場なので新鮮な空気を感じられたり、石が朽ちていく状態、石が崩れ落ちる音などを享受する空間

になっています。この辺りでだんだん自分の居場所と土間空間や行き止まりの空間が多くなるので、各々好きなことをしたりします。

松田 僕の理解だと、12m立方のキューブが一つのユニットになっていて、それが9つ連続で並んでいます。だから9×4辺で36、そこから四隅を引いて32のユニットがあるということですね。昨年も拝見して、それらの内部もある種のルールに従ってできているのは把握しているつもりです。そのうちどれか一つでも良いので、具体的にどこに階段があって、どう空間が設計されているかなど、教えてもらえないでしょうか？ 基本的にスラブや壁しか見えなくて、空間の関係がわかりにくいので、考えたことがあれば知りたいです。

内野 階段が見えるハウスでは、こことここは2つユニットがつながっている場所です。

松田 断面では階段が入っていますよね。もう少し大きいものはないですか？ 断面だけ見ると、つながりの関係が見えにくいような気はしました。

内野 一応つながらせてはいます。

松田 わかりました。断面の下の方にモヤっとあるのは、人の流れというより空気の流れのようなものを表現しているのでしょうか。

内野 霧が放流している場所です。

ハナとミツバチ
- 移動キャンパスによる生業と暮らしのインターン -

かつて地域間を移ろい繋ぐことでモノだけでなく文化も運んだ存在があった。本提案は各地を繋いでいた北前船が持つ作用を移ろうキャンパスとして再生することで地域が密接に関わる風景を再編することを目的とする。

8位

ハナとミツバチ ―移動キャンパスによる生業と暮らしのインターン―

KSGP
22116

芝尾 宝 Takara Shibao　島原 理玖 Riku Shimahara　村山 元基 Genki Murayama　桝田 竜弥 Tatsuya Masuda
谷口 歩 Ayumu Taniguchi　亀山 拓海 Takumi Kameyama　袋谷 拓央 Takuou Hukuroya　古家 さくら Sakura Koge

大阪工業大学大学院 工学研究科 建築・都市デザイン工学専攻／大阪工業大学 工学部 建築学科

かつて地域間を移ろい繋ぎ、共同体を形成していた存在があった。移動する総合商社と呼ばれ大阪-北海道間を航海していた「北前船」である。この船は荷物の運搬船ではなく、売り買いしながら移動する船であり、モノだけでなく文化も運ぶことで地域間を繋ぐ「媒介者」として機能していた。また一方で、地方と都市を移動する労働力とされていた「出稼ぎ」労働者は、高度成長期における都市部の建設工事を支え、またある地域では杜氏として各地の酒造りにおいて中心的な役割を果たした。ただし、建設現場にとって欠かすことのできなかったこの「移動する労働力」は、その吸引力によって都市に回収されてしまう人も少なくなかった。現在過疎化によって産

対象敷地／神戸港・愛媛県長浜町・佐渡島・
北海道大樹町

業の担い手が減少している地方は「定住化」を前提に他地域から他者を呼び込もうとしている。しかし、その定着率は必ずしも高いとは言えず、さらには、補填を継続しなければそれは一時凌ぎとなってしまう。人口減少の時代において、地方の産業や文化の担い手を補っていくには、その継続性とともに「育てる」、あるいは「共に育つ」ことが重要なのではないだろうか。鈍化しているとは言え、地方からの人口流入によって都市の労働力は賄われている。その中には、都市部に集中する大学に通う大学生というパートタイム的な労働力が含まれている。毎年入れ替わり、充足され続ける大学生のこの「パートタイム的な労働力」を地方の生業と暮らしを学ぶ「インターンシップ」と結びつけることで、次代の担い手を「育てる」ことはできないだろうかと考えた。そこで、本提案では北前船の地域連携作用を「移ろうキャンパス」として再編する。一次産業と文化の担い手が不足している地方に、入れ替わり続ける他者として大学生がインターン的に学びに行くと同時に地域の担い手にもなっていく。地域民だけでは補えず衰退していく一次産業から地域民と他者で補い担う一次産業へとシフトしていく。学びを得ることを目的とした大学生たちは季節ごと

で年に四度往復する船で好きな場所に降りるという途中下船によるインターン履修制度をプログラムに組み込む。船往復までの期間をホームステイのように暮らしと生業のリアルな繋ぎ目を学ぶことができる。得た学びを他地域で還元することによって、かつてのような地域間の繋がりが大学生という媒介者を通じて再形成されていく。停泊する港に設計した建築はコンテナの形成に使用される木組みのパレットを材料にした簡易なモノとしているため、地域民と学生とが手を取り合いながら生業と暮らしにあった形状を自らで組み上げていける構造となっている。機能としては各地で枯渇しているものを補うように停泊中にマルシェや舞台を催しながら地域に賑わいをもたらしていく。畜産業が盛んな大樹町では放牧しながらのマルシェが広大な地に開かれ、能と農業が盛んな佐渡島では、島ならではの斜面に海を見下ろす宴会場が開かれる。林業が盛んな長浜町は物流の要となるコンテナ製造の場所であり、川に浮かび集まる材木を用いたワークショップが開かれる。始点と終点となる神戸港に帰ってきた船はオープンキャンパスを開きまた新たな学生を集い出航する。

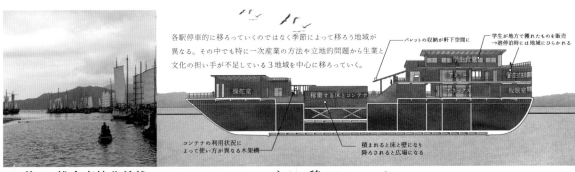

各駅停車的に移っていくのではなく季節によって移ろう地域が異なる。その中でも特に一次産業の方法や立地的問題から生業と文化の担い手が不足している3地域を中心に移ろっていく。

パレットの収納が軒下空間に

学生が地方で獲れたものを販売
→港停泊時には地域にひらかれる

学生食堂

操舵室

移動する床とコンテナ

仮眠室

コンテナの利用状況によって使い方が異なる木架構

積まれると床と壁になり降ろされると広場になる

移ろう総合商社北前船 - - - - - - - ➤ 移ろうキャンパス

北前船は、江戸時代から明治時代にかけて北海道‐大阪間を日本海回りで売り買いをしながら結んでいた商船群である。単に荷物を運ぶだけでなく文化も運び、各地の衣・食文化の発展に大きく寄与したとされている。明治30年ごろには陸路の発展と日露戦争の影響で姿を消した。

北前船の地域連携作用を「移ろうキャンパス」として再編する。一次産業と文化の担い手が不足している地方に、入れ替わり続ける他者として大学生がインターン的に学びに行くと同時に地域の担い手にもなっていく。地域民だけでは補えず衰退していく一次産業から地域民と他者で補い担う一次産業へとシフトする。

生業と暮らしのインターン

仕事だけでなくその場での暮らし、ふるまいも同じように体験しながら学ぶ

学びたい時期に学びたい場所で船を降りて、迎えの船が来るまでその地での文化・暮らしを住民に倣って体験する。途中下船によるインターン履修制度をプログラムに組み込む。これまでのインターン制度とは違い、仕事だけでなくその地域での暮らしも学ぶことで、地域民は次代の担い手を育みやすく、学生はよりリアルな仕事と生活の繋がりを垣間見る貴重な体験を得られる。

主に生業を担う / 主に地方文化を担う

林業学生　農業学生　水産学生　料理学生　映像学生　音楽生　演劇学生　芸術学生

水産業
畜産業
林業
農業

春　佐渡島　大樹　夏　佐渡島　秋　長浜　冬　鳥取

3　4　5　6　7　8　9　10　11　12　1　2

それぞれの地域ごとに根付く産業や文化は季節によって活動が制限もしくは活発になる。人手が必要になる繁忙期にだけ停泊する港と、閑散期の活動も通して体験する港とに区分しながら、四季に合わせて年に四度往復する。

神戸港：各地のモノとコトが大学生によって披露される　春　夏　長浜町：林業ワークショップの様子と集まる小舟

佐渡島：仮設舞台で舞い謡われる能と打ち上がる花火　秋　冬　大樹町：停泊中限定の放牧場とコンテナマルシェ

佐渡島　伝統的「のう」

島特有の急斜面を覆うように存在する棚田で伝統的な農業形態が引き継がれている。また江戸時代から能がこの地に根付き、夕暮れ時に農作業を終えた島民が集まり豊作祈願として能が舞い謳われていた。暮らしの中に能楽が溶け込んでいた佐渡でも担い手は不足しており、かつての佐渡のような暮らしと生業と芸能が溶け合う日常は少なくなっている現状がある。
船の停泊中はこの地の文化を発信する舞台が急斜面に立ち現れる。

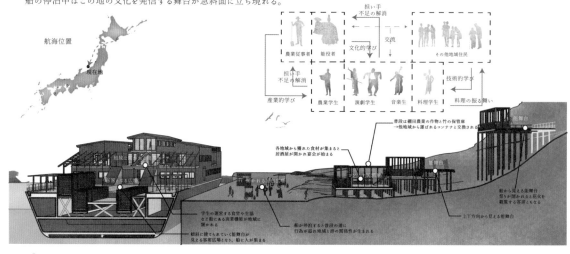

長浜　木の物流拠点

肱川を物流の起点に明治以前から林業が盛んである長浜は、採れた材木を製炭する場でもあり生産・加工・流通が一連となって営まれてきた歴史的背景がある。現在も林業が盛んなこの地では移ろうキャンパスの物流を支える木製コンテナのパーツが生産加工され、各地にモノ・コトを運ぶ。解体されたパーツは木材として港に空間を一時的に立ち上げていく。また歴史ある製炭によって作られる炭は各地の産業を陰で支える役を担っていく。木が集まる長浜港には、停泊時に加工の場として木と火の工房が展開される。

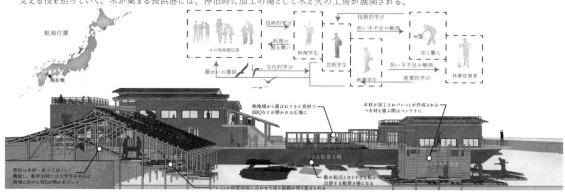

質疑応答

塚本　船の設計もしていると思うけれど、その説明をもう少ししてくれませんか。生活空間としての船があると思います。

谷口　基本的には船で移動する時間はそれほどないと思っていて、宿など基本的なものは入れています。たとえば学生が運営する食堂や、大樹町にはアートといったものがあるのでアトリエを一部入れるなどです。一番主要な機能としてあるのが、真ん中にコンテナを挿入する部分があって、コンテナが積まれるとその上の空間を利用できるとか、木組みのコンテナでパレットを外すとそこが軒下の空間になるとか、そういった設計をしています。

塚本　私はなぜコンテナにこだわっているのかわからなかったです。船がもう少し充実していて、着いたらその土地にある建物を使ってしばらく暮らす、それでいいのではないかと思ったのだけれど、コンテナはとにかくやりたい。このプロジェクトはコンテナから始まったのかな？ コンテナに完全にやられたという感じだよね。だから船もコンテナ中心の説明になってしまって、船で暮らすのはどういうことかにもつながらないし、少しフォーカスがずれたという感じはします。大学生を乗せていろいろなところに行って、インターンシップとして農業を体験して、いろいろな地域で繁忙期に働くということをやる。ネパールにバーティカルユニバーシティというものを考えている人が

いて、数千mの高度差があるわけだけど、グループで下の方から上の方まで体験していくと、地球の気候の半分以上のことが体験できるのです。そうすると、それぞれのところで自然環境の違いがあるので、さまざまな農業を見ることができるし体験できる。そこでの暮らしのいいところや辛いところなども全て見ていける。本で読むだけではなくて、当事者性というものがそれぞれの場所でどう変わっていくのかを体験できるプログラムで、それの海版だと思えば、北前船の歴史を使って廻っていくのは、商社がそれをやっていたのならば、ユニバーシティができないわけがないという考え方でやっても面白い組み換えでいいと思います。その上で展開する間もなくコンテナがなだ

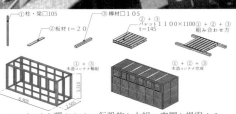

モノとコトを運ぶための仮設的な木組の空間を提案する。
モノを運ぶ際にはコンテナとなり、コトを降ろす際には
材料となる事で船と港の空間も入れ替わり続けていく。

ハナとミツバチ

生態系の循環

タイトルの「ハナとミツバチ」は離れた場所を繋ぐ媒介
者つまり提案内の大学生と地域の関係性をどのように
構築すれば winwin の関係が築けるのか考えた結果
つけられた名前です。ミツバチが起こす受粉の作用こ
そがどちらも意図することなく互いを助け合える良好な
関係であるとして目指すべき目標に設定しました。
大学生のミツバチが地域間を移動することで受粉を起
こして花を咲かしてくれる、大学生は学びと経験という
蜜を受け取れることを期待して名付けました。

れ込んできて、何かコンテナにやられた感じが
するよね。

金野 私もそういう仕組みだと思っていたの
ですが、プレゼンテーションを見ると、各地に
行った時にやることがマルシェとか宴会とか
祭りとか、ハレの状態が多いと感じました。学
生が行けば賑やかにできるという幻想を持っ
たシーンにも見えたのですが、その地域で本
当にその生業に役に立とうと思うなら、訓練し
なければいけないことや、習得するべきスキル
があって、そのためのスペースをきちんと理解
していなければいけないと思います。その辺
があまり見えてこなかったので、本当に各地
でマルシェなど、ハレの部分ではない部分をき
ちんと組み立てられるのかをお聞きしたいで
す。

谷口 ハレとケということですよね。たとえ
ば佐渡島であれば、船が停泊する時にはハ
レとして宴会を考えています。普段は周辺に
棚田農業が展開しているので、農業の物置
などそういった利用をする住宅の一部として
考えています。また、川から流木が流れてくる
ので、流木の溜まり場として普段は使用され
るといったものを考えています。

塚本 学生は置き去りにされてしまうんだよ
ね?

谷口 そうです。

塚本 結構残酷なプログラムです。

松田 どれくらいのタイムスパンで置き去
りにされて、また迎えに来てもらえるのか。個

人的に一番気になったのは、「労働力として
の大学生」とパネルに出てきたところで、イン
ターンシップだったらわかるのですが、インター
ンシップと言いながら労働力として使おうと
しているみたいで、学生が自分たちでそれを
言っていいのですかという。

谷口 現場は労働力として機能していると
思うのですが、あくまで私たちは、大学生は
新たな担い手という存在であると認識してい
ます。

参拝の蘇生
地形を踏襲し視線で街を紡ぎ直す四つの拠点

KSGP 22007 山田 康太 Kota Yamada　前川 凌 Ryo Maekawa　兼平 充 Mitsuru Kanehira
東海大学大学院 工学研究科 建築土木工学専攻

　本提案では、大山門前町において、複数の要素によって不可視となってしまった旧街道とそこに追随する「歴史的空間・アイコン」を4つの拠点で意識的につなぎ、それらの空間＿参拝風景・行為を蘇生することを目的とします。対象となる神奈川県伊勢原市大山町は谷戸に形成された線状のまちであり、その先にある大山は古くから山岳信仰の対象とされ、門前町は江戸時代には「大山詣り」による参拝に訪れた人で賑わっていました。また、大山には「神社」と「寺」が共存し、旧街道沿いには参拝に関連する独自のアイコンや空間が点在しています。さらに、大山は別名「雨降山」と呼ばれるほど水と親しみが深く、人々の文化・産業に根づい

て、店舗や工房も多く立ち並び、現在も旧街道沿いに微かな影を残しています。しかし、幾度となく水害に見舞われた大山門前町はその度に地盤面のレベルの更新を行い、基壇・造成の整備による自然との乖離やまちを覆い隠す手付かずの自然、新道の整備、バス停の非場所化、ターミナル・ケーブルカーの設置、登山を目的とした人の増加といった複数の要素によって、大山門前町は現在、目が向けられにくい旧街道と新道のつながり・大山と門前町の関係が断たれてしまっています。そこで、新道沿いに人の滞留を促す『四つの交通拠点＋α』を計画することで、対岸や点在するスポットをつなぎ、まちを縫うように行為や歩行体験を促す計画を行います。まちを縫いつなぐ3つのコンセプトとして「レベル」「屋根勾配」「方向」を踏襲しながら、拠点を計画することで建築・まちとの連続性を生み出します。「屋根勾配」「レベル」をずらす・踏襲する、「床の方向」「レベル」をずらす・揃えることで他方向への意識を誘発したり、場所同士のつながりを創出します。SITE1では新道と対岸の公園、旧道をつなぎ、自然と来訪者と住人が交流する親水空間としながら次のSITE2への視線が抜け、SITE2では防災機能・警鐘・オオヤマザ

クラや神楽殿を望む展望デッキを併せ持つシンボルとして人々が滞留しながら対岸の奥にある阿夫利神社社務局の大山桜を眺め、SITE3ではまちの中腹で旧参道と新道をつなぎ、竹を用いたワークショップや子どもの遊び場を備えた新たなターミナルと地域交流の核として、SITE4では心と体を清める滝に人々が集い、かつての参拝風景である「水垢離」による親水交流空間として機能します。また、本計画を「神奈川県新たな観光の核づくり」の活動と連携することで、文化や産業の更なる創出と伝承、コミュニティの形成、交通整備による周辺都市とのネットワークの整理を図ります。大山を訪れる人が、玄関口としてSITE1・2で自然と親和的な空間がまちに訪れる人を留め、旧参道や歴史的空間へと導きます。またSITE3で来た道を振り返るようにまちを見下ろすことで再び対岸とのつながりに気付き、SITE4の愛宕滝では求心性の強い空間がかつての参拝風景の一つである水垢離への人々の意識を促します。このようにかつてのまちの参拝風景を蘇生し、新旧道に賑わいを再生する計画となります。

対象敷地／谷戸に形成された線状のまち「神奈川県伊勢原市大山町」

関東に張り巡らされた大山街道

大山

谷地に形成された大山門前町 　東海道浮世絵に映る『大山講』

01.SITE　伊勢原市・大山（おおやま）の所在・信仰・環境

大山は、神奈川県伊勢原市を表玄関に標高1252mのピラミッド型の美しい山容を誇る。水蒸気を蓄えた風を受け、雨が降りやすい事に由来し、「あめふりやま(雨降山)・あふりやま(阿夫利山)」と呼ばれる。古くから山岳信仰の対象とされ、江戸時代には大山に登ってお参りする「大山詣り」が庶民の間で盛んに行われ、現在もその風情が街に息づいている。

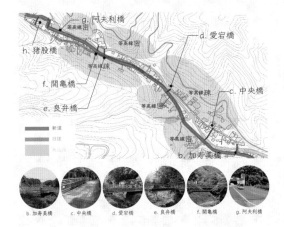

g. 阿夫利橋
等高線密
h. 猪股橋
d. 愛宕橋
等高線密
f. 開亀橋
c. 中央橋
等高線疎
e. 良弁橋
等高線密
b. 加寿美橋

新道
旧道
大山川

b. 加寿美橋　c. 中央橋　d. 愛宕橋　e. 良弁橋　f. 開亀橋　g. 阿夫利橋

03.RESEARCH　地形に沿った旧街道と直線的な新道・双方を繋ぐ橋

大山には宗教的な意味を持った旧参道と、交通の利便性を向上する為に作られた新道が通っている。旧参道は大山川に対して、右岸・左岸へと地形の緩やかな方を選択して道を通している。それに対し新道は地形を無視し交通に関して合理的な切土・盛土を施した事で自然・宗教的に豊かな歩行体験を奪ってしまった。それらを繋ぐ重要な要素である「橋」の意味合いを捉え直し、再考する事が必要なのではないか。

御師の役割
①講の結成を促し、信仰の浸透をはかる
②信者のために祈祷を行う
③宿泊提供、参詣引率などの世話を行う

現在とは異なり昔は一人で講の世話をすることは難しく、近所住士で同職業同士で「講」という団体を生み出していた

年に一回
大山に登る
遠路遥々訪れた「講」を迎え入れるための御師住宅

祠　　手水　　滝　　モニュメント　　石碑

05.RESEARCH　大山信仰と歴史的アイコンの潜在的点在

元々の神仏習合といった考え方から現在も大山には「阿夫利神社」と「大山寺」が共存し、大山の旧道沿いにはそれらに関連した大山独自のアイコンが潜在的に点在している。御師（先導士）と講による「大山詣り」の存在とこれを示す石碑や玉垣、それぞれの御師が所有する御神体や手水、またそれら集団が滝で行う禊「水垢離」や納め太刀といった文化を象徴するモニュメントなどがある。

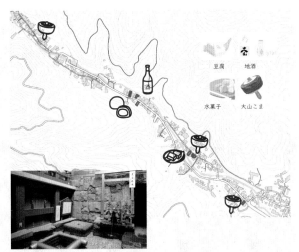

豆腐　地酒

水菓子　大山こま

02.RESEARCH　大山名水によって潤う大山門前町の文化・産業

大山は古くから水と親しみのある山であった。幾度となく雨による土砂災害や鈴川の氾濫が起こり、大山の街に猛威をふるってきたがこの街にとって水の存在は害ばかりを及ぼすものではなく、人々に様々な面で恵みを与えてきた。鮮魚、水分量の多い種類豊富な和菓子や地酒、大山どうふなど、この街の個性として確立した大山らしさを作る文化・名産は美しい水が作り出したとも言える。

大山登山　バス　出発地
ターミナル

通過されてしまっている
大山門前町

アクセス方法の現状を示すダイアグラム
一大山に来訪する多くが、町の中心を訪れることなく通過してしまっている環境に置かれている

○年齢×目的　　○目的×移動手段

8割以上　　　7割以上

来訪者アンケート集計：目的とモビリティの現状
一来訪する多くが、大山登山のみを目的とし、町自体へ興味を持つ割合は少ないという現状がある。

川や対岸の道との繋がりを絶つ手付かずの縁

建物同士の繋がりを隔てる基壇・造成

04.RESEARCH　ターミナルによって分断された大山と門前町

実地踏査によって現在の大山には『ランニングやバイク・自転車でターミナルまで登ってくる』人と『バスや自動車で来訪し、ターミナルから登山参詣に向かう』人の2パターンの流れがあると得られた。他にも基壇造成や手付かずの自然によって、更に大山門前町は認知され辛く、登山だけが町の魅力的要素として大きくなっている現状がある。

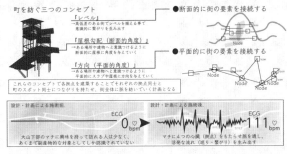

町を紡ぐ三つのコンセプト
『レベル』
一高低差のある町でレベルを揃える事で意識的に繋がりを生み出す
『屋根勾配（断面的角度）』
一ある場所や建物と意識づけるように断面的に屋根に角度を付けていく
『方向（平面的角度）』
一ある場所や建物と意識づけるように平面的にスラブや壁に方向を与えていく

これらのコンセプトで各拠点を建築することでそれぞれの拠点同士と町のスポット同士につながりを持たせ、街全体に脈を紡いでいく計画となる

●断面的に街の要素を接続する
Node

●平面的に街の要素を接続する
Node　Node　Node　Node　Node

設計・計画による施術前　　設計・計画による施術後
ECG　0bpm　→　ECG　111bpm
大山下部のマチに興味を持って訪れる人は少なく、あくまで副産物的な対象としてしか認識されていない　　マチに4つの心臓（拠点）をもたらす拠点を計画、活気ある脈（巡り・繋がり）を生み出す

大山門前町に脈を持たせる維持管理システム
産業　御師・自治体　宗教　加工業者　災害
住民　来訪者　拠点　修・改築　大山の木材
ワークシェア

06.PROPOSAL　点在する歴史的空間や建物を結ぶ四つの交通拠点

大山に四つの拠点を計画する事で「神奈川県新たな観光の核づくり」活動に連携する。この拠点を中心に参拝客だけでなく更なる文化や産業の伝承、新たな産業や生業の創出、余剰な竹、木材資源の活用、大山門前町の住民主体のコミュニティ形成と交通整備による周辺都市とのネットワークの整理を図る。

大山は地形的・宗教的に魅力が潜在的に点在しているが、モビリティや町自身の防災・景観への意識の低さにより大山上部（登山道・山）と大山下部では完全に分断されてしまっているという現状があることから、既存バスターミナルの強い集散性を分散し、町の下部に人々の豊かな歩行体験や賑わいを創出する大山町の新たな心臓部となる4つの拠点を計画する。

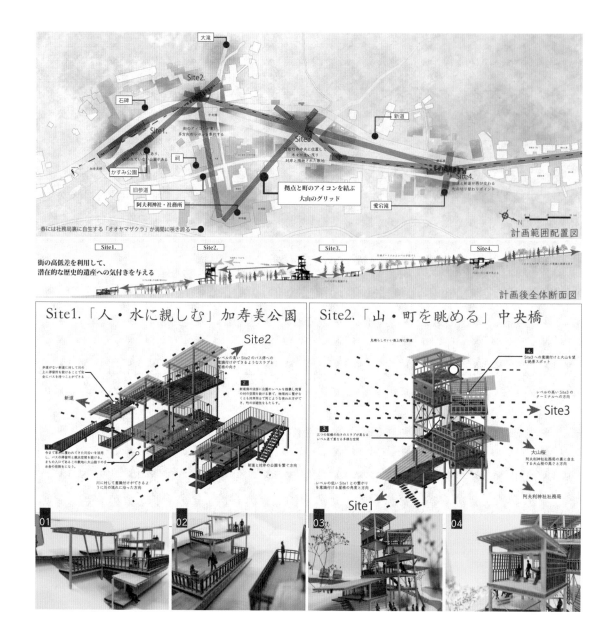

計画範囲配置図

街の高低差を利用して、
潜在的な歴史的遺産への気付きを与える

計画後全体断面図

Site1. Site2. Site3. Site4.

Site1.「人・水に親しむ」加寿美公園

Site2

新道

01 02

Site2.「山・町を眺める」中央橋

Site3

大山桜

Site1

03 04

質疑
応答

松田 かつての参拝空間の再編ということですが、塔的なものが3つ4つと建っていて、なぜタワー的なものにするのか、それが再編にどう役立つのかを教えてください。

山田 大山は起伏が激しくて、いろいろなレベルでいろいろな歴史的空間が点在しているのが一つの要素としてあって、バス停の居場所というか、新道沿いに人の場所がないのが問題点として挙げられていると思っています。その新道沿いにまず4つを計画することで、居場所化された元の場所に人が留まって、今まで気づかれていなかった、意識されていなかった旧道沿いの方に意識を向けていくように、塔を巡る中でこちらの方向を向くといったことを意識しています。

松田 模型で、新道と旧道の関係を教えていただけますか?

山田 こちらが新道でこちら側が旧道です。

松田 つくる拠点はどちら側ですか? 居場所化されたバス停としてつくるものは新道沿いですよね?

山田 そうです。新道沿いのこうした道が今は人が留まる場所ではなくなっています。機能としては全部、交通拠点としての役割です。

松田 全部交通拠点ですか。それが旧道に動線を次第に誘導するということですね。

宮下 旧道の方に人を導こうとしているのか、櫓のようなものから、旧道を意識させることがメインの狙いなのか、どちらでしょうか?

山田 元々、新道と旧道をつなぐ一つの要素として象徴的な橋があって、物理的につなぐということはもうなされているのですが、そもそも旧道沿いに人は行かないというのが現状で、だから意識的につないであげることがその人の行為やアクティビティというか、動線を促す効果につながるのではないかと考えています。

宮下 真ん中に一本橋がありますよね。それを介してそちらに行かせようとしているというイメージですか?

山田 そうです。

宮下 居場所は全部新道の方にできてい

『中央橋から旧参道へ』
大山に訪れた人たちへと文化・歴史を伝承する為、旧参道や歴史的アイコンへと導く

『愛宕滝にて水垢離に触れる』
大山は今も昔も豊かな水に恵まれている感謝と修行の意を込めた滝行に向き合う

Site3.「人・モノ・車が集う」竹林

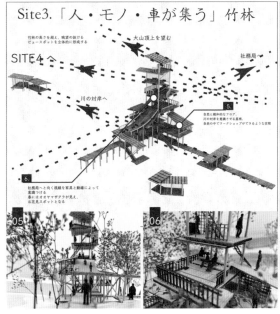

竹林の高さを超え、眺望の抜けるビュースポットを立体的に形成する

大山頂上を望む

SITE4 ↑

社務局 ↑

川の対岸へ

5.
自然と親和的なフロア、川の対岸を意識させる星層、自然の中でワークショップができるような空間

6.
社務局へと向く視線を家具と動線によって意識づける春にはオオヤマザクラが見え、お花見スポットとなる

Site4.「心・身体を清める」愛宕橋

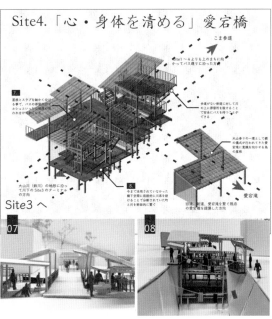

こま参道 →

site1～4よりも上のまちに向かってバス通りの沿った方 ←

7.
星層とスラブを細かく刻み中山の上で停留所としてルシェという性格を持たせることで安全なバスを待つことができる

大山参りの一環として禊の儀式が行われてきた愛宕滝に意識を向かせる為の層

8.
大山川（鈴川）の地形に沿って用了の Site3 のターミナルの方向

今まで活用されていなかった様子空間に仮設的に川原を散り階下空間で停留所していた方向と川を断面的に繋ぐ

旧道、新道、愛宕滝を繋ぐ既存の愛宕仏像を撤去する方向

愛宕滝

Site3 へ

05
06
07
08

るので、逆に旧道の捉え方がもう一つ理解しにくいです。あくまで見ることで意識させるのか、本当に人が通らなくなっている旧道に人を導いていこうとしているのか、どちらなんでしょうか？ そこがよくわからないところで、関係づけようとしているのはわかるのですが、アクションとしてどっちなのかな？

山田 意識としては両方を目的としているのですが、見ることを意識させることがまず重要だと考えています。

金野 一昨日、神社を目指して山登りをしたのですが、山の上を目指す時は結構しんどくて、道中にお地蔵さんがあったりするのですが、その途中でタワーに登るというモチベーションはかなり厳しいと思いました。目指す

ところが山道の水平というか、斜めにずっと登って先にあるとした時に、その途中にわざわざ塔の建築を建てることの意味をもう少し伺いたいです。

山田 参拝の途中でここに登るという意図ではなくて、そもそも参拝や元々あった文化、行為みたいなものが現代の人には気づかれていないという現状があると思っています。現状としてこの新道を通過して、大山は登山などとても観光地化されている面があって、登山の手前のバスターミナルまでグルっと行ってしまうのを、このようにバス停を場所化することでこういうところに留まらせます。バス停は帰る時もそうですし、行く時もそうですが、待つ時間があると思うので、そういった

時間に塔に登って、対岸に気づくといったことを目的としています。

松田 端的に言うと、旧道の方に人を寄せたいとしたら、旧道側になぜ何か建てなかったのでしょうか？

山田 旧道沿いには建築を今から新しくつくるというよりは、既存の祠や手水、滝といった参拝行為を行っていく場所があるので、そういったものに気づかせることが重要だと思い、こちら側にまず場所をつくって留まらせて、そこから旧道などもっとまちの上部に登っていくといったことを促すことを考えています。

棚々
～炭酸カルシウム乾燥小屋の復活～

KSGP 22109 橋本 拓磨 Takuma Hashimoto

岡山県立大学大学院 デザイン学研究科 デザイン工学専攻 建築・都市デザイン領域

炭酸カルシウム乾燥小屋は人知れず消失した。日本の地場産業の発展に大きな役割を果たしてきた乾燥小屋は自然環境の恩恵を最大限に受けるために工夫された構造・空間を持っている。人々の暮らしと密接に関わる中で風土に根ざした暮らしや集落の形成に寄与し、町の近代産業を支える上で象徴的な施設であった。自然に現れる機能美に即した遺産であり、それが独特の景観を生み出していた。しかし、合理化の波には抗えず歴史の中、記憶の中に消えてしまった。炭酸カルシウムの自然乾燥という目的から生まれた建築形態、そしてかつての景観・象徴としての記憶を蘇らせ、往時より継承されてきた環境共生に寄与する建築の提案を行う。

 計画敷地 跡地

対象敷地／群馬県甘楽郡下仁田町青倉
白石工業株式会社 白艶華工場 乾燥小屋跡地

乾燥小屋の建築形態を継承し、自然乾燥という目的から生まれた機能美の空間を残し、再編を行う。炭酸カルシウム乾燥小屋の棚が並ぶ風景はモノを飾りつつ"仕舞う"空間へ再編することで景観を復活させる。棚の上下間の連続性は差し込む位置を変化させることで階段や梯子、椅子や机といったさまざまな人々の"交流"を生み出す空間へ。閉鎖的でありながら開放的な空間という新たな機能への再編につなげる。

建物は、切妻のトタン屋根で高さ約11m、桁行約11mを共通とし、階高約4.5mの木造二階建てとなっている。梁間約8.2m、7.3mの二形式があり、斜面に沿わせて「くの字型」に配置されている。1階から2階、小屋内まで打ちつけられた桟木は40段を超える棚の役割を果たしている。同型の小屋が連続性を持って建ち並んでいるが、敷地の不規則性、規定から外れた建物との混在によるわずかな変化が統一と変位の調和を創り出している。

建築空間は観光者であれ、地域住民であれ、研究者であれ、産業遺産建築を「体感」することが大切。地域に目を向け少しずつ歩みを進めると、そこにはさまざまな発見がある。

山肌をおりていくにつれて過去から現在、未来への時間軸を、棚を挿し込むように経過させていく配置とし、過去は歴史的な要素、現在は産業遺産建築に触れる要素、未来は今後のあり方を考える要素として空間を創出することで、建築全体で"体感"の重なりが生まれる。

山の中腹に建てられた小屋は等高線に対して平行に配置され、同じ等高線上に建てられた隣り合う建物は2階の踊り場によってつながることで、水平移動を可能としている。また、上段の建物の1階と下段の建物の2階を渡り廊下でつなぐことで敷地の高低差を利用した構成となっている。斜面に沿った建物は、水平・垂直に建っているため、夜間に山頂から、昼間に谷底から吹く山谷風を建物の正面から受けるための計画となっている。建築全体が環境との共生を図っていた過去の記憶、産業遺産としての景観・象徴としての記憶を蘇らせる。

乾燥という機能美から生まれた空間の再編を行うことで、記憶の価値から建築の価値へとなっていく。この建築は地域住民にとっての原風景であり、風景としての価値を復活させることへとつながっていく。

松田 模型も含め、大変美しいプレゼンテーションだと思います。一方、過去のものを完全に復元しているのか、それともそこに何らかの手を加えているのか、その辺を改めて聞きたいと思いました。何か交流の空間として使うということを言われていましたが、プランとしては過去のものと全く同じなのか、たとえば内部のプランはこういう風に変えているだとか、平面・断面などで教えていただけますか？

橋本 まず、形態は全く同じものをそのまま復元しています。理由としては、形態自体を変えてしまうと、やはりここに今まで建っていた建築がまだ周知されていない状態にあるので、変えることでその記憶がそこで失わ

れてしまうことになってしまうため、復元しています。そこの記憶が基点となって、また歴史を積み重ねていくことができるのではないかと思い復元しました。もう一つは使われ方についてだと思います。

林野 機能的なものはもちろん、プレゼンテーションであったように変化させているということですよね？

橋本 はい、そうです。

松田 建築としては完全な復元を目指しているということですよね。提案として、良いか悪いかは別として、それへ意志を感じました。

宮下 まず初めにこれを見つけてきたところは凄いですね。私も初めて見たので少し感動しました。先ほど断面の中で、建物自体が乾

燥を目的としているが故に、傾斜を使って風の抜け道のようなものをデザインしているというのが非常に明快に説明されていました。私はこの形態において、そこは非常に重要なところだと思います。むしろそれが一番と言ってもいいかもしれません。この要素は今回の設計の再編したものに何か強く表れているところはありますか？ もちろん用途が干す場所から人のいる空間に変わっているけれど、そういうものが何か使われているのか。風が抜ける形態というのは全然使われていないのか。その辺を教えてもらえるとありがたいと思います。

橋本 今回の建物では壁を一切設けていなくて、長い桟木と呼ばれるものだけがあっ

て、奥の景観が見えます。壁は一切設けていないので、風自体は建物を全体に通すようには計画しています。

西沢　炭酸カルシウムは風を通すというのがなくてこの形が必須だったよね。つまり機能と内容と形式の一致があったと思います。この形でなければできないことや、炭酸カルシウム生産に代わる、この建築を要求するような重要な機能があるのか、もしくは単にでこぼこがあるからボルダリングに使いますというだけなのか。風通しという地形を最大限活用した新しい使い方があるのかどうかという質問です。

橋本　外階段として設けている場所が登っていく時などに……。

塚本　元々ここは工場ですよね？　再建したところの周りはどうなっているの？

橋本　ここが実際に計画した敷地で、左側が今も稼働している工場です。それ以外のところは木で覆われている形で、他のところも少し今も使われている工場があります。敷地の場所は跡地として何もない空間になっています。

塚本　だから急にここに来るわけなんだね。では我々はどの辺から入って行って、途中はどのような感じでここまで至るのか、稼働している工場とここはどういう関係にあるのかといったその辺のことが何かないと、なかなか行けないと思います。

橋本　観光の人たちはこちらから車で来た

り、歩いたりしてきて、ここから斜面の上に上がっていくところになっています。工場の人たちはこちらから乾燥施設側に出入りできるようになっています。ここに実際に炭酸カルシウムを乾燥させる施設を設けていて、工場の人たちが来られるようになっています。

塚本　その隣でボルダリングをやっているのですね。

ファイナルプレゼンテーション

ディスカッション

［日時］2022年11月20日（日）13：00〜18：00

二次審査を通過し、ファイナルに進出した10作品のプレゼンテーションと質疑応答が終わり、いよいよグランプリを決めるディスカッションを迎える。まずは審査員投票が実施され、その結果をもとに議論をさらに掘り下げ、10位から各順位を決定。歴コン2022のグランプリの栄冠はどの作品に輝くのか!?

最終審査を迎えて
議論のキーワードは何か？

林野 まずは審査員の先生方に最初の印象を伺いたいと思います。金野先生からお願いします。

金野 改めてお話を聞いて、模型を拝見して、よくわかった部分が多かったです。「これは絶対残すべきなんだ」と言えるような歴史的な風景を発見してくるのが、まず第一に大切な経験であり、このコンペの特徴だと感じました。さらに、それを仔細に観察してどういう着眼をするのか、がとても重要だと思います。いくつかプレゼンテーションを聞いて難しいと思ったのは、対象が大好き過ぎて「復元しました」という際に、それが存続しなかった理由が何かあったのではないかと感じたことです。それに対して、現代の私たちがこれから先に生かし続けられる、あるいは維持管理し、楽しむ場所としてどう新しく展開できているか。そういった展開の視点を強く感じたものを評価していくといいのかなと感じました。

伊藤 歴史を再編するということですが、結局それが空間の問題になってしまっているのではないか、という疑問を持ちました。建築物が建って、その周りの空間とどう関係をつくるかが歴史を再編するという上では重要だと思うのですが、そういう意味では建築は額縁を与えるようなのかなと思います。しかし一方でそれは、危ういことでもあるように思います。なぜなら、それは人間の歴史を、風の流れや、その場の物理的自然的条件に変換してしまって、複雑さをウォッシュしてしまうことでもあるからです。本当は人間の歴史はもっとドロドロしています。そこには政治性もあって、空間との連続は大事だけれども、そこで歴史というものが本当に持っているヤバさのようなものが脱色されている感じがして、それは引き受けなくてはいけないものではないかと思いました。

西沢 全体で感じたのは、皆さんの歴史に対する愛情や瑞々しい視点に驚き、若いのに

立派だと思いました。僕が同じ年の頃にそういったものは全然見ていなかったと反省するのと同時に、歴史への率直な驚きがあって、それがとても素晴らしく感じました。一方で、自分の提案があるのだけれど、その2つが切り離されているような感覚が多かったような気がします。それは自分が歴史に含まれているとあまり想像していないということだと思います。また、歴史が連続すると言っても、途中に近代以前・以降という大きなラインがあります。近代以前は車がなかったけれど、近代になって大きく変わる。その断絶をどうやって乗り越えるかがやはり難しい。昔とは全然違う社会だけれど歴史は続いているという、そのラインをどうやって超えるかで我々も苦労するし、皆も苦労しているのだと思います。皆さんの現代の創作と歴史的なものへの驚きというものが、何となくひとつなぎではないように見える感じがしました。でもこれは十把一絡げにできる問題ではないので、個々にいろいろ意見はあると思います。

松田 基本的にはとてもクオリティの高い作品が出てきていると思いました。いわゆる卒業設計展でもこれだけレベルの高い作品が揃うことはなかなかないだろうと思うような内容でした。その上で、このコンペでは非常に高度なことがある意味求められていて、歴史的空間再編というテーマに対し、例年、審査員側から非常に多面的な視点で内容が問われます。そういった複眼的な視点に対して、それぞれ答えていって欲しいと思っています。

　もう一つ、全体的に「物語を構築していく力」が、非常に高くなってきたという感じがしました。英語では歴史はhistory、物語はstoryと分かれていますが、フランス語のhistoire（イストワール）には「歴史」と「物語」の両方の意味があります。つまり歴史的空間の再編には、物語の再編という側面もあるわけで、そういう意味だとプレゼンで物語性を強く感じられたことは、今後への新しい展開のようにも感じました。これも審査の一つの視点になっていくような気がします。

宮下 プレゼンを聞かせていただいて、理解が深まったものもあれば、少し「あれ?」と思ったものもありました。捉え方が私の期待していた部分とは少し違うものも少なからずあったというのが、正直な印象です。一方で、歴コンは11回目となり、私も毎年審査をさせていただいていますが、皆さんは本当に面白い場所、非常に魅力的な原石を見つけてきます。このコンペはおそらく、どういう着眼点で何を見つけてくるかが非常に大きい。それを面白いと思える目を持つというところで、皆さんは素晴らしいものを探してきていると思います。私も知らないものがいくつかあったので、そこは感動しました。歴史的空間の価値を現代的にどう捉え直すのか?という点で、少し踏み込みが浅いものと、きちんと一歩踏み込んで形態まで落とし込み、プレゼンにできているものの差が出てきているという印象です。

塚本 昨年までは、ものづくりの中にある普遍の工程や事物連関など、そういうものをしっかりと把握して、ある部分が綻びているので今は衰退しているところをもう一度つなぎ直すとか、補強するとかすることによって、歴史的空間再編を成し遂げようという作品がいくつかありました。でも私はそれを基本的には評価してきたのですが、今回はないですね。それも何かの空間として対象化しているものが多くて、そこは数年前に戻った感じなんですよ（笑）。それに対して、「額縁を与えるようなもので、その危険性もあるのではないか」と伊藤先生も言っていましたが、そこの問題とつながってくる部分でもあると思います。それから"how"、「どうやって」というのが多くて、「何を」という"what"を踏み込んで考え

▶ 審査員投票結果

出展ID	出展者	作品名	略称	得票数
KSGP22007	山田康太（東海大学大学院）	参拝の蘇生	大山	13
KSGP22056	池上真未子（大阪工業大学大学院）	「共界」に暮らす	伊根	16
KSGP22058	田坂太樹（工学院大学大学院）	秘める重層性の解放	大阪城	23
KSGP22088	松山勇貴（大阪公立大学大学院）	INTERSECT	天井川	20
KSGP22098	林 晃貴（大阪工業大学大学院）	文化の景と桜守	吉野	21
KSGP22109	橋本拓磨（岡山県立大学大学院）	棚々	炭カル	13
KSGP22116	谷口 歩（大阪工業大学大学院）	ハナとミツバチ	北前船	14
KSGP22117	湯免鮎美（九州大学）	冬は短し、動けよ やぐら	大根やぐら	23
KSGP22130	内野佳音（日本大学大学院）	綴く半透明の物語	ロマネスク	16
KSGP22169	石川博利（滋賀県立大学大学院）	マチワリ交差園	マチワリ	21

られている作品が少ないというのは印象としてあります。この後の審査では、何をつくるのか、"what"に踏み込んだものをできるだけ見つけて、評価していきたいと思います。

林野 ありがとうございました。この後の審査にとても示唆的なキーワードが出てきたように思います。

10位〜9位 一つの生き物のように機能する2作品 やれることがまだまだある大山

林野 投票結果を見て議論に入っていきたいと思います。点数を見ますと、上位5作品が23点から20点までで、下位5作品が16点以下なので、その間に4点差あります。先生方に異論がなければ、下の5作品と、上の5作品を分けて順位を決めていきたいと思います。6位がロマネスクで16点、7位が伊根で16点、8位が北前船で14点、9位が炭カルと大山で13点です。この5作品の中で、「どうしても上位に上げるべきだ」と思われる作品があるかどうか、5点票を入れている先生にお話を伺っていきたいと思います。一番下から見ていきますと、炭カルと大山は5点票を入れている方がいらっしゃらないので、そこから決めていきます。

炭カルは積み残しの質問があったと思います。2020年に全て壊されてしまった元の建物を完全にその形態で復元していました。しかし、その復元の形は当初の機能を失っているのではないか。そして現在のコミュニティや、周辺環境との関係はどのようになっているのかという質問でした。その辺を説明していただけますか?

橋本 周辺環境との関係性を詰めるところは、ご指摘通り薄かったと自分でも感じています。環境と共生する建築が100年前に建てられて、それが現代の環境と通じるものがあったので、復元ということにこだわり過ぎてしまったと思います。もっと周りや人との関係性や、自然との関係性を見つめることができればと思いました。

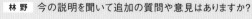

林野 今の説明を聞いて追加の質問や意見はありますか?

宮下 私はこの作品に期待していました。復元は復元でいいと思うのですが、かつての炭酸カルシウム乾燥小屋という機能と形態がつながっているのだとすると、そのもの自体がどういう建築的な意匠であるとか、性能的なものであるとか、この形の持っている価値のようなものをしっかりと捉えて説明してくれるといいなと強く思いました。そうすると復元であっても非常に魅力的になると思います。必ずしも手を加えなさいという意味ではなくて、そこの説明が少し弱かったというのが印象でした。

林野 他に先生方から何かありませんか? それではトップバッターだった大山に対しては、旧道と新道の捉え方について、先生方からの質問が集中していたと思います。何かこれだけは言っておきたいといったことはありますか?

山田 僕が問題視していたのは、旧道がおざなりになっていて、新道はただ通過するだけの場所になってしまっている現状です。そういった場所に留まらせるものがあるべきで、バス停の拡張のような場所をつくってあげることが一つの解決策になると思いました。

「参拝の蘇生」山田康太(東海大学大学院)

林野 西沢先生だけが炭カルに4点票を入れています。西沢先生が大山より炭カルの方が順位が上だと考える根拠は何ですか?

西沢 この大山も好きです(笑)。炭カルもいいと思いますが、どちらも生態系というか全体として一つの生き物のように機能してい

す。その一部だけをつくっているということでは、どちらにも不服はある。でもその一部を比較すると、どちらも建築的にそれなりに力のあるものをつくっています。問題と良いところですごく共通しているところがあって、僕はどちらも評価できると思いますね。

林野 そういうことでしたら、両者同率9位としたいと思うのですが、いかがでしょうか？

塚本 私は炭カルを初めて見たので最初はすごくびっくりして、こんなものがあるんだと思って驚きました。しかし話を聞けば聞くほど、この人は何もしていないのではないかと思えてきて、それが私の中で炭カルが1点になっている理由で本当にもったいない。大山は水を浴びるという、昔流行った儀式がありますよね。もう少しそういうところを考えると良かったのではないかと思って、そういう意味ではやれることがまだまだありそうなのは大山の方だと思います。私は炭カルが10位で大山が9位です。

林野 宮下先生は炭カルの方を評価されていますがいかがですか？

宮下 炭カルはかなり期待していたので、そこから落ちてきて3点というところです。大山は1点を付けていますが、正直それほど大きな差はありません。大山で少し気になったのが旧道を巡っていく時に点のように1対1のものに見えていく感じがしました。線として儀礼的なものを行っていくということが旧道でできるのかなという疑問を持ちました。特に橋が一本しかないので、逆に戻るとか、動線としても流れの滞ることがたくさん起きてしまうような気がしました。しかし、塚本先生のお話も含めると、確かに提案性という意味では大山の方が高いかもしれないので、賛成します。

林野 他に炭カルの方に高い点を入れているのは伊藤先生ですが、大山を9位にしようという意見に対して反論はございますか？

伊藤 特にはないです。それほど差があっての賛成意見ではないです。

林野 では、9位が大山、10位が炭カルで決定しました。おめでとうございます。

8位〜6位 | **海面上昇というある種のリスク**
少しツンデレっぽいのがいい

林野 次は14点の北前船、16点の伊根、同じく16点のロマネスクです。この間で6位から8位を決めるということでよろしいでしょうか？ では、ロマネスクに5点を入れているのが西沢先生、伊根に5点を入れているのが松田先生、北前船に5点を入れているのが金野先生です。お三方に何か異論がなければ、このまま順位決定に進みたいと思います。松田先生いかがですか？

松田 僕はこれをすごくいいと思っていて、元々美しい風景の中に新しい操作を加えています。多少わからなかったところは、水を引き込むことが元の風景を変えてしまうことであるのに、かつての人々の水との関係性を取り戻すという方向に強調して説明をしていたところです。ただそれより新しい風景を今までの伝統の上につくろうとした、という説明に読み替えると、行われた操作が読み解けてくるように思います。そこで、水面の時間的変化が加わる

新しい空間の可能性にかけて、5点票を入れました。単純に50cmの満ち引きで空間が一日の間にガラッと変わるのはやはり面白いと思うので、そこには行ってみたくなると僕は思ったんですね。

林野 では伊根の池上さん、積み残しの質問に対する意見がありましたらどうぞ。

池上 提案としては、地域として観光客を受け入れるという想いがあるのですが、それに対して観光客を引き込んでも、それに伴った弊害があって、観光客と地元住民の両者の上手い関わり合いを構成するための手法として、この水を引き込みました。舟屋はあくまでその地域の中で、伊根に住む住民のための舟屋であって欲しくて、地域住民のためにあるようにつくったつもりです。そこに観光客がお邪魔するという形で、潮の満ち引きによって観光客の交わりが変化するということを考えました。

松田 ついでに言うと、断面がロッジア風なところが新しくできるわけですね。だから、こういう空間の質を変えるということも、積極的に捉えているのかなと思いました。

塚本 でも、匂いとかぬめりとかいろいろ気になる部分もあるからね。

池上 今まで舟屋として機能してきたノウハウがあるので、それを取り入れつつやれば可能なのかなと思います。伊根であるからこその提案というか。

塚本 いやいや、舟屋のところは本当に海に直接接しているので、海水がいつも引いてかつ量がきちんとあるので、薄い海水というのは頻繁に乾燥するとやはり臭いよ。

池上 でも、それも含めて今までやってきたので、多少傾斜を付けるなりということで対応できると考えています。

塚本 だけど陸地が狭くて平地がなくて、ギリギリ背中に山を背負ったようなところで、細長く扇状に道上に家があるわけだよね。その人たちが使えない平場を受け入れるとは全く思いません。その辺の切実さがどうなのかなとは思いましたね。

「「共界」に暮らす」池上真未子（大阪工業大学大学院）

松田 技術的に上手くいくかどうかは別として、たとえばモン・サン＝ミシェルは潮の満ち引きでつながったり離れたりするわけです。日本だとたとえば西伊豆にもそういう場所があります。「堂ヶ島のトンボロ」で、一日のうちに島とつながったり離れたりします。そういう一日のうちの空間変遷のダイナミズムを取り入れているところに、新しい可能性を感じたということです。

池上 空間が水の変化によって変わっていくということはやはり意識して設計していて、水が刻々と変化する一日の流れと人の生活の流れがマッチしなくても、その中でそれぞれ変わっていきます。

塚本 でも50cmの一番低い時の水位は、君たちが彫り込んだところよりももっと低いでしょう？

池上 いえ、ここのラインのところまでです。

塚本 水面は海の水もこの面にあるということ？

池上 一番低い時が完全に押し上がるようにはしたくて、観光客が入ってこれるようにという意味です。

塚本 いやいや、ここが一番引いた時でしょう？ これが50cmでここが70cm。だからどこに設定しているのかわからないけれど、その70のうちの50の干満をどれぐらい使うのか、上澄みに20cmしか使わないのかどうかわからないけれど、こちらにあるよね？

池上 引き切る時はなくなります。

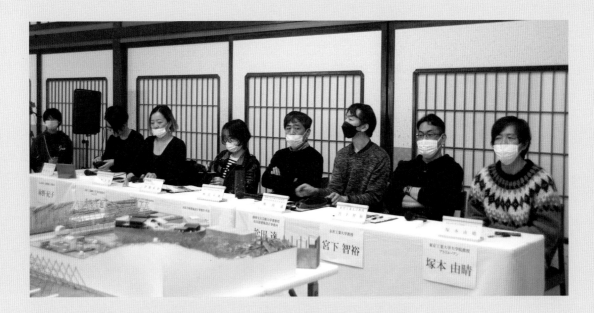

塚本　もっと低くないと舟屋に船を着けられない。細かい話はいいけれど、湾だから安定しているとはいえ、高波などが来る時もあるので、そうすると道路も水浸しになって大変だと思うんだよね。また、伊藤先生が海面上昇の話をしていたけれど、そういうある種のリスクも同時に含んでいる計画のはずだけれど、何となくその意識が感じられません。

池上　そこまでは少し計画不足ではあります。

塚本　でも、伊藤先生はそれでも5点入れています。

伊藤　そうなんです。海面上昇のことは考えて欲しかったのですが、やはり何か第三項が入ってくれた方がいいなと思いました。たとえば天体ショーもあったりしましたけれど、そういうものがあると、全然会話していない人は会話したりしますよね。何かそういうことを期待して、障害が生まれることによって、逆にお互い交流せざるを得ない状況が生まれそうなのが何かいいなと、少しツンデレっぽいと思ったんですね（笑）。「来るな」と言っているのか「入って」と言っているのかわからない。そういう障害をつくる感じが逆にいいと思いました。

全体をどう統合しているのか？
5点票を得た3作品に決着

林野　ロマネスクも伊根と同じく16点です。これは具体的に修道士が一日をどう過ごすのか、もう一つは全体をどういう意図で統合しているのかというお話があったと思いますが、いかがですか？

内野　朝日が入ってきた時にはこの地域では霧が濃く出ているので、自分一人が自分に向き合いながら神に祈りを捧げるという時間を設けています。

林野　それを空間と結びつけて聞きたいということだと思います。

内野　多くの建築でつくった空間に隙間があると思いますが、そういう細い隙間や大きい開口ができていて、その隙間から入ってくる朝日の量はいろいろと違います。図面で言うと、黄色い軸の部分が太陽の最初に入ってくる方向になっていて、この方向で左側の部分は大きく開口を取っています。ここで立ち込めた霧を受け止めて、朝日を受けて、川の流れに沿って霧が標高から流れてくるので、ここで光と霧を一緒に受け止めて、光に包まれた霧の中で人々は、まず神に祈りを捧げます。その後、お昼になると霧が下にどんどん流れていって晴れて、朝露が残ってきらきら光り輝いているのを中に入っている人たちが

見ることで、中にある自然を感じられます。光が輝いて、回廊自体がまんべんなく照らされた中で行き交う人々が、その明るい空間でコミュニケーションを交わしたり、お互いに意見を交換したり、表現をし合ったりすることでコミュニティが生まれます。夜になると、月の光がまた同じ方向から射してくるので、月の光に対してまだ霧がなく外がよく見える状態なので、また中庭の部分に目を向けて祈りを捧げながら行き止まりなどの空間で眠りにつくという一日を描いています。こちら側の山に入った空間の中は、神聖な重要な祈りの空間として使っていくので、一日の変化は朝日の光と月の光の色の変化くらいで考えています。

林野 私の受けたニュアンスでは、生活のことはどうなのかといったことを聞かれていた気もしたのですが、たとえばご飯はどうするのですか?

内野 実質的な空間で、ご飯を食べたりトイレをしたりというのはきっとするとは思っているのですが、白いキャンバスのイメージだったので、あまり具体的に現実的なことを表現したくなくて、あまり書いてはいないです。

林野 それから、何か全体を統合する考えがあるのかないのかというのを手短にお話しください。部分からつくっているという説明をたくさんされていたと思うのですが、それがこの全体の形をつくるに至った説明をお願いします。

内野 この地域は山の起伏が激しくて、下には川が流れているという自然的に特徴がある空間なので、全体的に同一平面で大きく四角で囲うことによって、起伏のある自然がより豊かに感じられるのではないかと思い、この形にしています。また、修道院の中心からずらしているのは、回廊をただ単にずっと同じ景色で巡るのではなくて、距離に変化を与えて、修道院から漂う空気感や音などを変化させたかったというプランになっています。

林野 それでは北前船が14点で次点に着いています。これは積み残しの質問がなかったと思うのですが、何か言い残したことがあれば一言どうぞ。

谷口 コンテナは意味がないのではないかという質問がありましたが、地域間をつなぐために、ものを運ぶためのコンテナがあって、かつての北前船はものだけではなく文化も運んでいました。その北前船を現代に再現するために、ものを運ぶところにもある程度工夫が必要で、せっかくなので土地の生業や風景の一部を丸ごと移動させていこうと考え、仮に組んでいけるコンテナをつくったということです。

林野 では、6〜8位に相当する皆さんに話を聞きました。点を変えるという方がいらっしゃらなければ、そのままフィックスしたいと思うのですがいかがですか?

塚本 金野さんはなぜ北前船は5点なの?

金野 私は実は最初から面白いと思っていました。こういう動くもので地域固有の生業を学びとして組み立てて港町の風景を再構築しながら、港町の良さや生業というものを置き去りにすると言っていました。置き去りにしながらも、港町という文化が混じり合う玄関口の風景を、一つひとつ設計していこうという意気込みに、期待を込めて票を入れています。

林野 金野先生が高評価ですが、この点のままでいくと8位が北前船に決定でよろしいですか? では決定です、おめでとうございます。同率6位が16点の伊根とロマネスクですけれども、こちらはいかがでしょうか? 自分の配点を変えたい、あるいは「こちらの方が優れている」という応援演説をされたい方はいらっしゃいますか? 伊根を評価されているのは伊藤先生が5点、松田先生が5点です。

金野 伊根についてはもう少し答えて欲しいところがあって、まだ消化不良ではあります。たとえば先ほどの潮の満ち引きを調べるといったことに、このまちを通して興味を持つということ自体、面白いと感じます。自然の変化に疎かった人も、まちの構造にそうした変位が投影されることで、より自然現象が体感できるのだろうと。技術的にどう解決するかは一つの課題ですが、先ほどの船のスケールをこの先のアクティビティにどうつなげるかに対しては、もう少し答えて欲しかったので3点にしました。

林野 ロマネスクに5点を入れている西沢先生は、このままだと同率6位になりますがいかがですか?

西沢 いいと思います。

林野 では、伊根とロマネスクを同率6位とします。おめでとうございます。

5位〜1位 **ストーリーそのものをつくっている提案と
具体的な空間の構成がはっきりした提案**

林野 それでは、上位5作品に入っていきたいと思います。点数でいきますと天井川が20点、マチワリと吉野が21点、そして大根やぐらと大阪城が23点で今のところ最高得点です。5作品から選ぶのは少し大変なので、2段階に分けて選んでいきたいと思うのですが、点数通り大根やぐらと大阪城の決戦を後に残すとして、残り3作品で3〜5位を決めるのはいかがですか? 積み残しも含めて一通り聞いていきたいと思います。何か言い残しがないか、あるいは先生方から聞き逃したことはございませんか? 天井川は5点と2点で評価が分かれています。伊藤先生と金野先生、西沢先生も2点ですね。

松田 これはおそらく形をつくろうとしている建築ではなくて、川の流れの断面で大きなストーリーそのものをつくっているのですよね。断面的なものだけに重点を置いて、この場所

の空間性をつくり変えようとしているので、一見良さがわかりにくいという感じはしました。また建築の全体性を見せないところもあり、ここもわかりやすくはないところです。こういう全体像を見せないというプレゼンに対し、数年前だったら僕も「どうなのだろうか」とやや否定的に思っていたのが、最近は見せないことの意義も、次第に強く感じるようになってきました。プレゼンで表現されるものは、結局、建築空間の捉え方や、ひいては実際の建築にも通じるからです。

宮下 これは、自然にできた土木的なスケールのものだけれど、実は人がつくっているんだよね。面白いと思うのは、人がつくって積み上げていったものが、まちの中では本当に一つの地形のようになっていて、その辺をよくわかっていない人もいるんだという点です。また、それが今回の提案を通してどういう編成になってそうなってきたかが見えているのがいいなと思い、私は高い評価をしました。

林野 同じく高評価の塚本先生。

塚本 地層のようになっていて、それが違う時代の人間たちが積み上げたものであるというところで、それを少しずつ掘っていく。掘っていくというよりは、水が侵食していくようなつくりになっているのだけれど、そうすると、どこまで下がるかである時代の積んだものが出てきて、そこに合わせたものがあるという組み立てはとても面白く、何をつくるかまで言えているとは思います。手法としては、掘って見つけたものに合わせて、そこをテーマにしたものをつくるということですが、それと上手く噛み合っていて面白いと思って、それで高評価なのです。方法というHowが強い作品が少し多いので、私が5点票を入れているのは、Howだけではないものがあると思った作品なのですよ。

林野 次は吉野とマチワリですが、吉野を見てみますと、こちらも5点を入れている松田先生、1点を入れている伊藤先生と評価が分かれています。吉野に関しては特に質問はなかったのですが、5点を入れている先生になぜ評価したのかを聞いてよろしいですか?

松田 空間のストーリーを再構築することが重要だと思いつつ、それは空間的な提案がしっかりできた上でと思っています。吉野の話はもちろん物語性もありますが、具体的な空間の構成が他の作品よりも、はっきりと提案されていたと思います。提案の詳細では、在来木造との連続性をどう考えるかなど、もっと検討すべきところはあると思いますが、現時点でヴィジョンが明確に提示されていると感じました。つまり、リサーチの段階からヴィジョンの提示までの一貫性を感じられ、そこは評価したいと思いました。

もちろん解決の仕方にはまだ改善の余地や他の提案の仕方はあり、たとえば、提案中にある「観光動線」と「生活動線」の重なりの部分のつなぎ合わせ方には、いろいろな中間領域の提示の可能性があるとは思います。ただ、この辺りを明確なプランやパースで、いったんは不明瞭な部分がない形にしたことが、潔くて、とてもいいなと思いました。

林野 伊藤先生は評価が低かったのですが、何が足りていなかったのでしょうか?

伊藤 私はこれを実際にやると、観光客と住民はもっと仲が悪くなりそうだと思っていて、そんなに上手くいくのか疑問です。何かすごく上から見ている感じがして、ここに人が足りないから観光客を投入するという感じがしたのが少し残念でした。もう少し内発的な動機で、「なぜ私がここで材木を切らなければいけないのか」といったことがあまり見えなかったので、そこを説明してくれると「私も行きたい」となるので、もう少し説明して欲しかったと思います。

塚本 これは観光客というカテゴリーではなくて、リピーターやクラブメンバーなどメンバー

シップか、完全なフリーというよりは少しセミオープン、セミクローズドなもので、たとえばクラブ活動を1月から12月まで、「こういう時にこういう作業をするのでこのタイミングで来てください」とする。すると、その人たちはサポーターとして、クラブメンバーとしてそのコミュニティに入るので、出てくるべき建物は道具小屋を中心としたクラブハウスになると思います。それが全然抜けていて、観光客と言っている段階で、ショップに訪れた人にいきなり「木を切っていってください」というのはなかなかできないので、そこはギャップがあると思います。着地させる接着する部分をもう少し考えないといけないと思います。

　林　観光客をただ観光客として扱うのではなくて、客人という風に見立てるところまでは考えていました。

　塚本　個人ではないので、ホスト側にしてもらわないとむしろその人たちが、地元の人ではなくて観光客ではない人もいるので、「あの人たちは何なのかな、どんな活動をしているのかな、楽しそうだな」というところで、観光圏のお客さん扱いされている人たちが自分もそちらの方が面白そうだといって今度は入ってくる。そうすると農村交流みたいな形でいろいろな手が回らないところを、地元に住んでいる人ではない人たちがやれるような雰囲気ができてくると思います。現実にそういう活動をしているところはたくさんあるので、そこはやはりもう少し調べた方がいいと思うね。そういう意味では、私は吉野と天井川だったら天井川の方が全然面白いと思っています。

形が人間を上手く誘導できている
それが歴史的空間再編なのか？

　林野　それではマチワリについてもお話を聞きたいのですが、高評価されているのは西沢先生です。なぜ高評価なのでしょうか？

　西沢　この案の人は力があるなというのが率直な意見です。ただいろいろ問題ももちろんある。水路のプレゼンという割には、水路沿いは何かぱっとしないし、いろいろと気になるところはたくさんあるけれど、全体としてはよくまとまっていると思います。空き地の使い方も駐車場としての使い方はまだ気づいていなかったのだけれども、そこも含めて、そういう場所を利用してまちの区割りを壊さないで各街区をつなげていくのも上手くいっています。街区と違う動線をつくり出しているのも、それをこども園でやるのもいいと思います。一見、破壊的な

カーブが入るけれども、それほど破壊的ではないように感じたということで、僕は票を入れました。ただ水路との関係の部分で少し引っ掛かります。

塚本 やはり水路の両側で挟むようにこども園を展開するというのは、ストレートな発想としてあっていいと思うのですが、少し消極的な感じがします。ふなずしをつくっている、たらいを水路の両側に並べて皆が顔を向き合っている写真の和の感じを見て、この場所の可能性をとても感じたので、私は4点票を入れています。しかしそれにしては少し消極的かなというのがあって、消極的な4点票だと見てもらった方がいいと思います。

宮下 私は少し厳しい評価をしてしまって2点票です。水路に対する何かもっと積極的な提案であってもいいと私も思います。たとえば線の水路に対して新しい線を加えた水路をデザインすることでさらに隙間を縫っていくようなものでも良かったかと思います。新しい曲線の線状のものが交差したというストーリーなどあるともっと腑に落ちるような気がします。「水路を介した」という言葉がキーワードになっているので、水路自体のデザインや水路との関係性をもっと強く出せるといいなと思い、そのような評価になっていますね。

西沢 面白いと思ったのは、「カーブさせる」というのが言語として合っているかどうかが一つあるのだけれど、カーブさせていいなと思うのは中庭ができること。中庭ができて、その周りに建築があって、さらにその外に道ができる。こういう貫いていくのは表も裏もない感じになるパターンがよくあるのだけれど、この案の場合は上手い具合に、通りから遠い部分なのに中庭をつくって、それを建築が囲んでその外に道が来るという序列をつくっている。形が人間を上手く誘導することができていて、これは上手くできていると思います。

塚本 それはそうなんです。でも、それが歴史的空間再編なのかと言われると違うと思います。

西沢 これはたとえば港北ニュータウンでもやろうと思えばできるかもしれない。その問題は一つありますね。それも君だけではなくて、やはり歴史への驚きは皆あるので、そこから建築の提案をする。そこが離れていて、それは君だけではなくて、皆が背負っていると思います。

石川 西沢先生がおっしゃってくださったように、カーブさせたことで連続的なシークエンスみたいなものをつくりつつ、水路に対して連続的に使える中庭のような空間をつくることで、水路が持っていた公共性を新たに再編したかったという意図もありました。

松田 僕は4点を入れていて、基本的に高く評価しています。改めて見ると「交差園」というタイトルを付けていて、「交差点」をもじっているわけですね。ここに水路とこども園という2つの空間をどう重ねていくかということへの問題意識が見えていると思います。最初、全体的に水路を新しくどう使うのかということへの提案は見えにくいと思っていたのですが、一方で、水路とカーブの建築が何カ所かで交わっていますよね。だから水路と新しくつくるものとの交わりを設計しようとしたのだと考えると、実際には水路をかなり積極的に使おうとしているのだろうと思えます。

塚本 たとえば水路のふなずしをつくるような活動があるところで、こども園がこのように入ってきていたら、確かに松田さんが言うようなことは言えると思うのだけれど、今はここがそうではないわけですよ。だから、むしろふなずしをつくることに代わる何かがこの水路をもう一度生き返らせるというか、生き生きとさせるためには必要だと思っていて、こども園というのはとてもいいテーマだと思ったんだよ。そういう意味では、子どもたちがワーッと行っていろいろなことを近接されているからできるので、なぜそこをやらないのかと、少し腑に落ちないんだよね。

金野 私も2点で少し厳しく付けていますが、水路の発

見と子どもを重ねたのはとてもいいなと思っています。ただ、現代でこれを歴史的な空間として再現したのであれば、子どもの頃から水とともにある暮らしということで、災害時に水がどう暴れるのかを学べたり、もっと、より近い存在として水に触れられると良かったかなと感じました。危険性もあるかもしれないけれど、そういう体験を通して子どもの学びの場になる可能性はあったと感じたので、再編という意味では少し物足りないと思いました。

伊藤 私は水問題についてはすごく象徴化して取り込まれたのだと理解していて、つまり水が素朴な流れをつくるということを、人間の流れとして表現されたと理解したのですね。こども園が閉じていなくて、地域の人の目が入りやすくなって、それこそ話の中では、境界線のようなものが流動化して人の流れが変わり、水路の周りで人々がやっていたことがこのこども園の周りに再生しているという意味なのかなと、少し前のめりで理解して、歴史性が再編されていると思い4点票を入れました。

歴史の問題を直球で扱うストーリー そこに歴史の重層性は見られるか

林野 マチワリに関しては意見が出揃ったと思うのでここで区切ります。次は大阪城ですが、こちらも非常に高い評価を受けています。先生方から聞き残したこと、あるいは大阪城の田坂さんから言い残したことはありますか？ 塚本先生と伊藤先生がとても高い評価を付けています。

塚本 自分たちが見ている風景の下に、実は今の我々をつくってきた歴史が埋まっているというのは、地上に何か歴史的空間のものがあるよりも、地下に歴史的空間がある方が変な言い方ですが、感覚的にとても強い印象を持つという感じがします。それで最近個人的に、漠然とではあるけれど、そろそろ地下空間の作品が出て来ると思っていて、「地下空間が来たか」と思わず反応しているところがあります（笑）。自分たちが今歩いている地面の下に何か可能性があるという感覚が、今、我々が最も目を見開いていかなければいけないところのような気がしています。全然話は違うのだけれども、高田宏臣さんの土中環境改善の活動があって、あるいはアナ・チンが書いた「マツタケ」という本の菌根菌の話など、地面の下にものすごい知性が実はあって、そこではいろいろなことが起きて、森同士が実はコミュニケーションを取り合っているといった、そういう話が最近さまざまなところで語られています。地面の下でものすごく多様なことが起こっているにも関わらず、そこを見ないようにしてきたというのは、自分たちが今暮らしているやり方というものにどこか不自然なところがあるとすると、そこに集約されているのかもしれないと思って、それで地面の下にとても興味があるんですよね。この作品はまさに「地面の下にこういうものがある」という話が出てきて、地

下の想像力というか、「プリンセス・トヨトミ」というとても面白い小説があったけれど、何かそういうものを少し感じていて、地下のものに1票という感じです（笑）。

金野 私も話を聞いていて、熱烈に語られる感じも含めて、自分の足の下で何が起こっているかを理解した時の喜びはとても面白いというのを共感した部分がありました。けれど模型を拝見した時に、一部、入れ子のコンテナのような空間が内部につくられていたり、大きな構造体のフレームにガラスが掛かっている部分を見ると内部空間としての性格が強く見えますが、広場の地下を掘って地続きに外の空間とつながるランドスケープの一部のようにも見える、どちらなのか少しわからなくなってしまいました。巨大な美術館か博物館をつくろうとしているのか、それともランドスケープのような存在として掘り起こそうとしたのか、もう少し教えてください。

田坂 内部空間として博物館の地下展示室というのが、僕が設計した中で思い描いていたものに一番近いです。ただ完全に地下で閉じて、大阪城天守閣から直接下に降りていくようなものにした場合、今、大阪城が誤解されているのは全く見えなくなってしまっているからということも一つあると思うので、やはり見せなければいけないと、設計する上で大きな使命として考えました。大々的に掘って、大阪城の本丸前広場にいくつも穴が開いて、下を覗き込めて広場になっているような、そういった考えもできないのかというご指摘をいただいたこともあります。しかしそうなってしまうと、この地下空間の位置づけが少しずれてくると思っていて、塚本先生がおっしゃったように、歴史の本質が積み重なって今の私たちの生活があるので、この積み重なっている構造が歴史の重層性を語る上で一番大事だと思い、部分的にやはり一番見せたいです。新しく大阪城のエントランスになるような部分では、大きく開口を取った上で、基本的には全て内部空間にさせたいという想いで設計しました。

林野 伊藤先生も5点を入れられています。

伊藤 私は2つの理由があって満点票を入れたのですが、まずは歴史の問題を直球で扱っているのがかっこいいと思いました。つまり切断されているということですね。これが見えなくなっているということも含めて展示できているのが、歴史にきちんと向き合っている感じがして素晴らしいと思ったのが一つです。もう一つは、どうしても建築は視覚的なものが優位になりがちで、もちろん意味はあると思うのですが、私が普段付き合っている人は視覚障がい者の方などなので、「視覚に訴えられても」と思うところがどうしても意識の中にあるんですよね。目の見えない人とまち歩きをする時、実は歴史を伝えるのはとても難しくて、ただ埃っぽい、カビ臭いということになってしまいます。それをどうやって非視覚的に共有するのかという時に、この地下空間なら音響や複雑な構造を通して、視覚ではなく身体的に歴史を感じられるのではないかと思い、それが素晴らしく、目の見えない人と一緒に来たいと思いました。

「秘めたる重層性の解放」田坂太樹（工学院大学大学院）

松田 僕は点数ではすごく高い評価をしていたわけではないのですが、やっていることは素晴らしいと思っています。歴史を正面から扱うストーリーも素晴らしいのですが、豊臣時代の遺構があることそのものに寄っていて、そこから何をするのかという時に、大空間をつくったり天井を操作したりということも面白いと思いますが、さらに一歩、空間的探求があっても良かったと思いました。このコンペは当然、歴史的空間の発見の面白さだけではないはずです。ただ、他の人が同じ豊臣の遺構に目を付けて提案をした時に、オルタナティブな設計だったらもっと面白くなるかもしれないと、まだ思わせてしまうところを感じたということです。背景の説明が大変なので仕方がないとは思うのですが、実際、現段階では空間的な操作が断面

的なところに偏っていて、やや大振りな感じがしました。平面図的なものは、配置図とかなり小さな図面だけで、膨らみとか囲まれ感とか抽象的な言葉の説明で終わっていました。そこをもう少し探求しても良かったと思います。それで3点票を入れたという感じで、惜しいと思いました。

林野 西沢先生の評価が一番低くて2点ですけれど、その理由を聞かせていただけますか?

西沢 とても面白い記録だと思い、だからこそいろいろなところで2点になったのですが、一つは天井側と天井間を見てセットにしてしまっていたところですが、歴史の重層性はとても重要な話だけれど、それが僕はないように見えた。模型で大阪城と公園をマッシブにして、中をくり抜いてつくっていて、あの中だけで勝負という感じがした。本当は大阪城公園をつくって進んで、大阪城は鉄筋コンクリートで、そういう積み重ねがあるんですよね。その積み重ね全体に光を当ててくれていたら全然評価が違ったと思うけれど、何となく現代的な介入をしていて、この天井はあまり感心しない。むしろ商業的空間になってしまうような気がして、展示空間ということでまとまってしまい、歴史の実証性ではなくて、エンターテインメントの展示空間が地下にあるという形になると僕は感じました。もう一つは模型の表現がとてもシャープだから、既存があって中にこういうものが隠されていたという図式的なものがあることが力になっているのも事実だと思います。そういう意味ではダメということではない。でも、歴史的な重層性を出す時に近世、近代、現代というものの積み重ね、もしくはさらに下にあるかもしれないものを見せてくれれば、全然評価は違ったというのは間違いありません。

接戦のファイナル
第11回歴コンのグランプリ決定!

林野 歴史の重層性というお話がありました。では最後に大根やぐらですね。こちらも同じく23点で一番評価が高いのですが、宮下先生と金野先生が満点票を入れていらっしゃいます。

宮下 私は正直、大阪城と大根やぐらはほぼ一緒の評価でした。どちらかを選ばなければいけないというところで言うと、天井川の方が少し上だったという印象ですね。私がとても面白いと思うのは、冬にあるものを再構築するという非常にシンプルな営み、誰もがやっていることに着目し、その形をさまざまな切り口から考えているところです。審査の時にランドスケープ全体の計画はどうなっているのか聞いたのですが、地形や環境をイメージして考えながら配置していると言っていたので、本当はそういうパースも欲しかったと思います。それが冬の風景と夏の風景でどう変わるのかも興味がありました。たとえば、ある定点から見た時に、魅力がそこに最大限に出てくるように一個一個のデザインを決めるようにすると良かったとは思いました。その辺を含め、私はこれを5点と評価しました。ただ一方で、西沢先生も話されていた点も気になります。元来は大根を干すという非常に明快な用途を持っているので、それに対してその用途をなくそうとしているのか、新しい用途をつくろうとしているのかが少しぼやけていると私も感じています。その辺は少し疑問を持ちながらではありますが、全体的なストーリーとわかりやすさ、これができたら大らかで面白い良い風景なのではないかという点や、地域のコミュニティのあり方も含めて、身の丈に合った風景をつくっていくところは非常に面白いと思いました。

金野 私もプレボを見た時からとても魅力的だと思いました。農家の人たちが本当に必要に迫られてつくってきた構築物は、期間が限定されていたり、周りの人の目に触れないところにつくっていたりして、共有されていない資源もあるのだと思います。そうした風景を、外の人が関わる形でどう実現するか組み立てているのが良いと思います。一見かなり大きな

構築物に見えるけれど、トラックで一番高く設けられる寸法を把握して組み立てていることや、周りの人が関わる仕組みや、再構築した時にそれを共有できる人をどう増やすかといった提案を含め、とてもポジティブに感じられました。全体のレイアウトの中で、少しずつ違う機能が想定されているようですが、どのように経験したらいいのか。辻のような場所に立てていると思うのですが、そういった経験をどう紡いでいく想定なのかを描いていけると一年を通してこれがある意味が、より見えてくると思いました。

塚本 これは1年を通してあるのですか？ 夏の間だけ出現するのではない？

湯免 古い竹は元々竹を溜める場所があるのですが、冬は大根やぐらがあって、それを組み替えてもう一度使って、夏にこれをつくるという判断です。

金野 これは大根も干せるのかと思っていたのですが、干さないのですか？

湯免 冬の大根やぐらという形態のみを夏に持ってきて、その後にいろいろ干すことを考えたのですが、最終的に形態を残して、間接的に冬の大根やぐらの景観に持っていってアプローチしてもらえるといいなという気持ちでつくりました。

塚本 でも、これは生業から切り離されては成立しないと思います。大根を干すやぐらは大根ができてしまうから、もう待ったなしでやるんですよ。獲れたら今すぐ干すのが一番いいとなれば、やはりもうそれをやるしかない。だからそういうものとして大根をつくっているからずっと続いているわけですよね。2023年の夏に何かイベントとしてインスタレーションのようにできるということはあるかもしれないけれど、毎年起こるかというと難しいと思います。農業が持っている人間のリズムではなくて、植物のリズムにどうしても沿わないといけなくて、そういう待ったなしの感じがああいうものを生んでいくし、農業の風景をつくっていきます。そこから切り離されているので、エクスプロイテーションというか、文化的搾取という感じがする気もします。要するに、建築の人が何か面白いねと言って少しやらされて、では「あなたたちはずっと続けるのか」と言われると「今年だけですよ」という感じで、それで歴史的空間と言えるのかなというのはありますよね。

金野 私は建築が残ると想定していたので、ビニールハウスに成り代わったものをもう一度構築するきっかけとして位置づければ、通年使えるものになるという計画かなと、誤読のようですが、そのように理解していました。

湯免 植物的な季節のサイクルが、最終的に大根やぐらをつくることになっているのはもちろんわかります。ですが、大根やぐらを実際に組み立てに行った時に、たとえば大根のやぐらだけではなくて、竹置き場だったり休憩するテントだったり、ここにいる人たちは組み立てるとかものをつくることに誇りを持っていました。そういうものづくりに対する想いを反映したいという感じで、その意味ではおっしゃる通りだと思うのですが、夏に別のものをつくるというのは一つあるかなと思っています。

宮下 大根を干せるようなところは干すのではなくて、完全にこれはなくなってしまうんだ？ でも、大根やぐらはもっとすごく量が必要なんですよね？ 私は一部やぐらを残して使う部分もあるのかなと思ったのだけれど、夏の間は全部壊してしまうんだね。

湯免 夏の間はそうですね。大根やぐらの一部を残すという考えはあると思いますが、大根やぐらのスケールの長いものが畑に並んでいると、通りやすさと通りにくさというのがあるので全部壊すと農家の方から聞きました。

林野 一通り皆さんの意見を聞きました。さて、ここからどうやって決めましょうというところ

ですが、再投票をしようと思います。1人
1票できっちりと。その結果を見て、上か
ら決めていこうと思います。それでは残っ
た5作品で大阪城から順番に行きます。
今年の1位に相応しいと思う作品に挙手
をお願いいたします。

大阪城：塚本、伊藤、金野
天井川：宮下
吉野：なし
大根やぐら：なし
マチワリ：西沢、松田

▶ 最終結果

順位	出展ID	出展者	作品名
グランプリ	KSGP22058	田坂太樹（工学院大学大学院）	秘めたる重層性の解放
準グランプリ	KSGP22169	石川博利（滋賀県立大学大学院）	マチワリ交差園
3位	KSGP22088	松山勇貴（大阪公立大学大学院）	INTERSECT
4位（同率）	KSGP22098	林 晃希（大阪工業大学大学院）	文化の景と桜守
4位（同率）	KSGP22117	湯免鮎美（九州大学）	冬は短し、動けよ やぐら
6位（同率）	KSGP22056	池上真未子（大阪工業大学大学院）	「共界」に暮らす
6位（同率）	KSGP22130	内野佳音（日本大学大学院）	綴く半透明の物語
8位	KSGP22116	谷口 歩（大阪工業大学大学院）	ハナとミツバチ
9位	KSGP22007	山田康太（東海大学大学院）	参拝の蘇生
10位	KSGP22109	橋本拓磨（岡山県立大学大学院）	棚々

林野　ありがとうございます。大阪城が3票、マチワリが2票で分かれました。審査員長が
マチワリに票を入れておりますが2票なので、このままでよろしければすんなりと1・2・3と決
まります。では審査員長よりOKが出ましたので、グランプリは大阪城、準グランプリはマチ
ワリ、3位は天井川で決定です。おめでとうございます。続いて吉野と大根やぐらで4位、5
位を決めたいと思います。吉野が4位だと思う方は挙手をお願いします。塚本先生、松田
先生、西沢先生の3名ですので、大根やぐらも当然残りの3名ですね。同率で4位となりま
すが、西沢先生いかがですか？

西沢　どちらも素晴らしいと思います。比べられないので同率でもいいかもしれない。どちら
も心のこもった作品でいいところ、悪いところがあると思うけれど、3対3だったのであればそ
れが正直なところだと思います。

塚本　私もこれは同率だと思って手を挙げました。同率でいいと思います。

林野　では、吉野と大根やぐらを同率4位に決めたいと思います。おめでとうございます。

本審査　総評

その土地の
歴史的な磁場での
格闘の跡が見たい
伊藤 亜紗

　歴コン2022に参加された皆さん、作品の制作、発表お疲れさまでした。運営の皆さんもご苦労さまでした。金沢の歴史ある街並みと建築の中で、皆さんの熱い熱気に触れることができた2日間でした。

　歴史的な空間に介入するとはどういうことでしょうか。文学的な言い方をすれば、それは寝た子を起こすということです。先祖の霊や土地にいる妖怪、タブーとなっている過去の出来事を掘り起こす、ということです。もちろん介入によって経済的に繁栄し、人々の暮らしは便利になるかもしれません。でもそれは同時に、過去にフタをすることによってかろうじて成り立っていたそのコミュニティのバランスを崩したり、人々に辛い思いをさせたりする可能性を孕んでいます。

　皆さんの作品は、前向きで希望に満ちたものが多かったように思います。そのことはとても素晴らしいと思うのですが、歴史の問題が、敷地の物理的な条件の考察にすり替わっているような作品も多く見られました。もっと、介入という行為が持つやましさのようなもの、あるいは歴史の暗さのようなものに、目を向けても良いのではないかと思いました。その土地の歴史的な磁場に足を取られて身動きが取れなくなっているような格闘の跡が見たいと思いました。

　美術批評家の椹木野衣氏は、日本は、歴史的な蓄積がなされない「悪い場所」であると指摘しています。その背後には、建築したものが歴史もろとも崩れ去ってしまう経験を頻繁にする、日本の地質学的な条件があります。日本において建築を通して歴史を語るとはどういうことなのか。この大きな問いを問うている、本コンペの意義は非常に大きいと思います。審査員から参加者に一方的に語りかける時間が多かったので、運営スタッフの方も含めて、こうしたことを皆で自由に議論できるような時間が増えると

良いなと思いました。

歴史と対話しながら
時間や事物を組み立てた
経験は、大切な礎となる
金野 千恵

　最初に私が「歴史」に対して実感を持ったのは、修士1年でスイスに留学した頃。ヴェネチアの運河沿いに建つペギーグッゲンハイム美術館は、パラッツォとして計画されたものの地上1階で建設が途絶えて現在に至るが、この建物に住まいを増築するという課題であった。何度も敷地へ足を運び、船に揺られ、運河の立面をスケッチし、英語の文献に目を通した。歴史の蓄積からなる都市との対話に心が躍ったことは今も鮮明に記憶しており、その時の深い思慮の経験は、今も思考を組み立てる際の礎となっている。西欧に比べて歴史への認識が弱い日本でも、近年は学生の時分から意識して設計する姿勢が目立ってきた。毎年、金沢で開催されるこの歴史的空間再編コンペも、そうした土壌を育てていると言える。学生が計画の中で歴史との対話を語る姿は生き生きとしており、その時間を共有できたことが、まず喜ばしかった。

　大阪城の地底に着目して歴史的な権威の積み重なりを空間化、視覚化した「秘めたる重層性の解放」は、その発見が私たちの日々踏み締めている大地や、覆い隠されているであろう現代の事物への想像を喚起するものであった。地域の農の構築物である大根やぐらを年中利用する建築として展開した「冬は短し、動けよ やぐら」は、この建築が集合する風景への意識が弱かったものの、材料や構法に対する丁寧な理解と優しい眼差しを持ち、過疎化の地域にも新しい風景を生む予感を与えた。北前船による文化の伝播に着目し、複数の停泊所を地域特性とともに計画した「ハナとミツバチ」は、コンテナの多用により均質化した部分もあったが、全体としては施設に篭る学びでなく、時間を掛けてさまざま

な地域を体験する学びの豊かさを示唆する作品となった。

　縮小する社会を迎える中、建築家も目の前の要望や現代の合理に流されるでなく問いを立て、何をすべきかを組み立てる必要がある。歴史と対話しながら、時間や事物を組み立てた学生の経験は、きっとこの先の未来をつくるための大切な礎となるであろう。

歴史の素晴らしさに
着目した作品は
数少なかったがどれも力作
西沢 立衛

　どれも力作であった。ただ、歴史の素晴らしさに着目した作品は数少なかった。「新富嶽三十六景」は、富嶽三十六景を分析しつつ新しい拠点をつくり出すもので、その物語性の面白さに惹かれた。「共界に暮らす」は、京都の伊根を舞台に、水とともに暮らす集落を描いた。親水空間で商業と暮らしを融合させようとする試みは評価されたが、多少強引だった。「秘めたる重層性の解放」は、大阪城の復元と改築の提案で、地下から地上に積み上げられるその立体性が評価された。歴史的な空間というよりはエンターテインメント性が強い点が気になった。「みずは運河の回りもの」は、名古屋の中川運河を舞台に、アート・文化でまちを再生してゆく計画で、古い建築と運河を美術館に変えてゆくアイデアは魅力的だった。「第20次卸売市場整備計画」は、淀橋市場を増改築してゆく計画で、その過程で地域施設も取り込んでゆくというものだ。フランケンシュタイン的全体が面白く感じられた。「棚々」は炭酸カルシウム乾燥小屋への着目が面白く、建築も頑張ってつくっていて共感した。「ハナとミツバチ」は移動キャンパスのアイデアが面白かったが、アイデアだけで終わってしまったのが残念だ。「冬は短し、動けよ やぐら」は、宮崎の大根櫓の美しさから建築をつくろうとするもので、いろいろな無理のある提案ではあるものの、地域文化への愛と優しさをベー

スとした建築創造に共感した。「綴く半
透明の物語」は今回最も異色の作品で
あった。歴史性や機能、地域性などがど
れも希薄で、建築だけがあるという感じ
だ。ただ迷いがなく力強く、また時間を
掛けており、私は支持した。「変遷する
狭間」は、呉の人工斜面地の上に建築す
るアイデアで、その野心性が評価された
が、荒唐無稽なところは気になった。「マ
チワリ交差園」は、子ども施設が地域を
つなぎ街区をつなぐという作品で、建築
が街中をのたうち回るその造形のダイナ
ミズムは暴力的ながら、詳しく見ると各
所で居場所が上手につくられている。破
壊的というよりは親和的な空間で、私個
人の評価としては今回 I、2を争う作品
だ。

見えなくなっている歴史的な
ものと現代の可能性に
気づくことが大事
塚本 由晴

　11年目を迎えた歴史的空間再編コン
ペは3年ぶりの対面審査で、模型を覗き
込みながら直接学生たちのプレゼンテー
ションを聞けたのは嬉しかった。そして
このコンペの最大の特徴でありかつ面白
く難しいところは、「歴史的空間」の定義
が開かれているということだと改めて感じ
た。
　グランプリになった田坂さんの提案
は、家康がつくり替えた大阪城の地下に
眠っている秀吉がつくった大阪城の石垣
の遺構に沿って地下を掘り大きな空間
をつくるというもの。大変な困難が予想
されるが地上から降りたこの地下空間を
通ってから大阪城にアクセスする、歴史
をなぞる経路の設定は面白かった。3位
の松山さんの提案は、天井川の堤に歴
史の堆積を読み解き、これを発掘すると
いうもの。山砂の流入などで水位が変わ
る大きな河川からの逆流を防ぐための支
流を持ち上げる築堤が中世から続けられ
てきたことに着目し、今度は堤を掘り下
げることで、各時代の工事を地層として
顕にするアイデアは秀逸だった。どちら

も大変な工事になることは確実で、その
発掘の方法などは地下構造体の設計に
反映されるはずなのだが、そこまでは踏
み込めていなかった。踏み込んでしまっ
たらわからなくなって、突っ走れなくなっ
ていたかも知れないのだが。
　歴史的建造物とその周囲の環境を残
しながら床面積を増やす際に地下空間
を活用する事例は海外では少なくない。
建築作品としてはミシガン大学法学図書
館増築（1981、グンナー・バーカーツ）、
パリのルーブル美術館のガラスのピラ
ミッド（1988、I.M.ペイ）などが思い当た
る。歴史的景観を守るために高い建物
が建てられないロンドン中心部では、地
下の下にさらに地下空間を増築する事
例もあると聞いた。少し前に流行った『ベ
ター・コール・ソウル』というドラマにも、
リネン洗濯工場の下を掘って、ドラッグ
製造用のラボを周りに気づかれずにつく
るくだりがあった。いずれにせよ、地上
にある環境を変えずに、地下に新しい空
間をつくるものだ。ところが上記2提案
では新しくつくった地下空間の方が、地
上の古い建築よりさらに古い。古いもの
を掘り当てるように新しい地下空間をつ
くっており、地上／地下、過去／現在の
組み合わせが複雑化している。歴史と
地下の組み合わせはこれまでにないアプ
ローチで、直感的にありだなと思えた。
　また例年同様、水を巡るものが10選
に残った。2位の石川さんたちは琵琶湖
畔の町割水路、6位の半澤さんたちは
伊根の船家、8位の谷口さんたちは北前
船の歴史に着目し、その現代的な運用
を提案している。島国で海に囲まれ、山
から多くの川が流れているこの列島は、
水路や舟運を発達させ、運用だけでなく
維持管理も暮らしの延長として位置付け
られてきたが、20世紀の自動車や下水
道の導入による急激な構造変化は、水
の運用管理から暮らしを遠ざけてしまっ
た。今回の3提案は、水と向き合う設え
を空間的に同じフレームに引き込むこと
で、象徴的に浮き上がらせるに留まり、
その再生を試みるための事物連関の問
題への遡行がないのは物足りなかった。

同じことが、同率4位の湯免さん、林さ
んたちの植物（大根、桜）と向き合う設え
への介入にも、6位内野さんのロマネス
ク教会、9位山田さんの大山講の旧道、
10位橋本さんの炭酸カルシウム乾燥小
屋への向き合い方にも感じられたし、I
位、3位の地下空間にも言えることなの
で、今年の全体傾向と言え、私個人とし
ては、議論が少し後退したと感じた。
　というのも、対象を、それを成立させ
てきた事物の連関から切り離して自由に
扱えるようにするのが空間的な想像力だ
が、歴史的空間の再編は、逆に背景と
なる事物とのつながりを追うことによって
対象を理解する事物連関的な想像力を
必要としているから。そこで発見される、
道具連関や農業、林業、ものづくりに埋
め込まれている不変の工程は、複数の
事物を連関させた知性である。この知性
を、現代の条件と相互批評させるように
して、見えなくなっている歴史的なものと
現代の可能性の双方に気づくことが何
よりも大事である。そうすれば今はもう
いない人々と、これから生まれてくる人々
を、ともに感じられる歴史的空間再編に
なるのではないかと考えている。

時間とともに
変化していく
歴史的空間とは何か
宮下 智裕

　歴史的空間再編コンペの審査を11回
務めさせていただいているが、毎年まだ
聞いたこともなかった魅力的な歴史的空
間が日本各地に存在していることに驚か
される。そして文化に根付いた建築や空
間が脈々と受け継がれていることを感じ
るたびに、それを現時代的に再解釈し
再編していく本コンペの重要性を確認す
る。
　今年も多くの歴史的空間が提案として
再編され集まってきた。その中でも印象
に残っているものの一つは10位入賞を
した橋本くんの作品にあった炭酸カルシ
ウム乾燥小屋が連なった独特の風景で
ある。純粋に何十もの建物がひしめき合

い建っているその風景は強烈で、それを再生しようとした方向性は非常に良かったと思う。一方でその構造、隣棟間隔、地形、意匠などが生み出す空間性をデザインやプログラムに明確に取り込むことができればより魅力的な提案になったのではないかと思う。3位となった松山くんの作品「INTERSECT」は、歴史的空間の定義をまた一つ広げたものとして印象に残っている。川という地形が生み出したものと、それをコントロールしようとする人類の土木的な経過との両者を合わせて歴史的空間として見ている点がとても面白いと感じた。堀や用水などを題材とした作品はこれまでも多く見られたが地形と土木作業との関係性を空間としてデザインしている点を高く評価した。見事グランプリを受賞した田坂くんの「秘めたる重層性の解放」では、通常我々の知る大阪城ではなくその地下に眠る遺構に着目した点に惹かれた。時代の変遷と重層をダイナミックな建築空間として展開し、歴史の光と影のような物語も表現しているように感じられ、非常に魅力的な作品となっていた。

このように歴史的空間というものの捉え方も年々変化し広がりを見せている。11年間同じテーマで続けている本コンペにとって、その広がりを考えたり、さらなる深堀を考えたりすることがコンペの最大の特徴であり醍醐味であるとも言える。さまざまな分野の方々に審査員をお願いしている理由もそこにある。今後も時間とともに変化していく歴史的空間とは何か、そしてそれらの新たな評価や位置付けはどんなものなのかを深く考えていけるコンペになればと思う。

**物語を構築することは、
歴史を構築することにも
つながる**
松田 達

歴史的空間再編コンペティションは11年目となる。昨年が10周年記念だったから、今年は次のディケードへの新たな一歩となる年だったと言えるかもしれ

ない。コロナ禍の出口も少しずつ見えてきた感じがあった。2020年は審査員だけが会場に集まり学生はオンラインの審査だった。2021年は対面が復活したとはいえ、会場にはまだ閑散とした感じがあった。今年はその会場に賑やかさが戻ってきたと感じた。「学生の家」という場所をふんだんに活用して繰り広げられる、この二日間のイベントにより多くの学生が参加してくれることが嬉しい。

今年は、とにかく混戦だった。歴コン特有の、1点から5点までを2つずつ10作品に入れる投票を6人が行うと、原理上、最高点は30点、最低点は6点となる。例年25点以上くらいの上位作品があるが、今年はそれがなく、点差の開きが23点から13点と10点内に絞られていた。おそらく最も僅差の年だったのではないか。つまりは、飛び抜けた作品がなかったと言うこともできるかもしれないが、それより作品と審査員の方向性のいずれかもしくは双方が、より多様化したと言えるのではないか。「歴史的空間とは何か?」ということを問い続ける歴コンにとって、このような多様化は、重要な進展だとも言える。

グランプリの田坂太樹さんの「秘めたる重層性の解放」は、大阪城の歴史を真正面から再考し、徳川時代に地中に埋められてしまった豊臣時代の石垣を、さまざまな空間的操作によって新しく見せようとするもの。取り扱う内容が、第一級の歴史的重要性を秘めている。一方、石垣に対して天井と柱の意味は何なのか、ここに歴史的意味を持たせられたらより説得力が増すと思われた。2位の石川博利さんらによる「マチワリ交差園」は、町割り水路などの文化的景観で知られる滋賀県高島市大溝地域に、石垣で囲われた流動的な形態の帯状通路とこども園を挿入するものである。最後、物理的に歴史が交わる交点をどう捉えるのか、その部分により具体的な提案ができれば、さらに一歩踏み込めると思ったが、歴史性と現在性を重ね合わせる興味深い作品だった。3位の松山勇貴さんの「INTERSECT」は、天井川である

京都府京田辺市の馬坂川に着目した作品である。土手と交わる立体的な地形にいくつかの建築物を配置し、時代ごとの川の高さと連動させつつ全体として博物館を提案するものである。建築的提案そのものはさらに展開できるように思われたが、ともすれば厄介者にもなる天井川を、いかに地域に定着させるかということを考えようとした意義ある作品である。

個人的には同率4位の林晃希さんらによる「文化の景と桜守」、同率6位の半澤諒さんらによる「『共界』に暮らす」を特に強く推した。前者は吉野山地区の「吉野建て」建築を再編して、観光客を「客人」として扱い、地域の関係を再構築しようとした案、後者は「伊根の舟屋」に対し、道路側の1階を減築して70cm程度の掘り込みをつくり、満潮時に水を引き入れるなどして、空間の関係性に時間的変化を与えるものである。

全体としてどうだったか? プレゼンは年々洗練されている。こうした表現力やテクニックのレベルの高さに対し、構築したストーリーについては話を聞いてみると、意外に突っ込みどころが多い。審査上、プレゼン力の強い作品はもちろん選ばれる可能性が高いが、歴コンは最後にそのストーリーの妥当性が議論の中でしっかり問われる。だとすれば、歴史的空間を軸に展開する作品内の「ストーリー」、その説得力と完成度が、歴コンにおいて今後さらに重要になっていくのではないか。「ストーリー」はフランス語では「イストワール」、物語であり歴史である。物語を構築することは、歴史を構築することにもつながるのである。

11位　KSGP 22063

神楽の降下橋
—峡谷で舞う高千穂夜神楽—

　私は、宮崎県高千穂町の峡谷に神楽を舞う神楽殿であり、二つの土地をつなげる橋を設計した。現代のカミを排除しようとする時代の流れに疑問を感じ、神楽を通して人と神様との関係を修復する。橋は人々をつなげ、降下する舞台が、かつての賑わいを帯びた夜神楽の風景を峡谷につくり出す。

谷口　真寛
日本大学大学院 生産工学研究科 建築工学専攻

12位　KSGP 22086

真鶴を継ぐ
〜修繕によって蘇る採石場の新たな風景〜

　陶器の修繕方法である金継ぎの特性を用いて、傷となった採石場を継いでいくことで真鶴に新たな風景をつくっていくことを提案する。真鶴は古くからの採石による痕跡を埋め戻し個性が損なわれている。そこで金継ぎの思想を応用し修繕していくことで空間だけでなく歴史や環境、産業なども継承されていく。

松本　乙希
東海大学大学院 工学研究科 建築土木工学専攻

12位　KSGP 22173

東池袋、木密に連鎖するトップライト

　東池袋5丁目14番に残る木造密集街区を対象に、東京都に多在する木造密集地の「随時的な更新手法の発見」を目的としたケーススタディを、トップライトを利用して改修をベースに行った。木密特有の現代の枠にはまらない、近隣の独特な距離間が生み出す暮らしを保全し、場当たり的にトップライトを設け、一つひとつ治療していくような提案は、密集都市に徐々にヴォイドを挿入し都市的効果をもたらす。近代的な開発方法を見直し、本提案手法が次世代の更新となることを展望する。

菊池　悠太
東京電機大学大学院 未来科学研究科 建築学専攻

14位　KSGP 22085

第20次卸売市場整備計画
—淀橋市場の整備計画を
　5年ごとに見直す設計手法の提案—

　北新宿の住宅密集地に、およそ2.4ヘクタールの空間がある。50年後、この街区を細分化せずに建築を残し続けることを考えた。世の中の環境に適応し、空間を変遷させながら時を刻む建築。2070年までの段階的計画を、一旦設計しながらも、5年ごとに計画を見直す手法を提案するものである。

小山　大輝
東京理科大学大学院 理工学研究科 建築学専攻

14位 KSGP 22159

生業は滲み、風景は重なる
－海岸線に連なる牡蠣養殖場の再編－

　ブラックボックス化している牡蠣の養殖業の現状に対して、生産から販売までの工程を見える化した効率性とは別の豊かさを持った場として養殖場を再編する。牡蠣養殖の生業や風景を、建築に落とし込む。この建築の内外で生産者、地域住民、観光客の動線は緩やかに交わる。

藤田 結
熊本大学大学院 自然科学教育部 土木建築学専攻

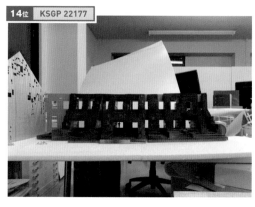

14位 KSGP 22177

褐色のポーラス
－歴史を紡ぐ広場－

　現在の広島陸軍被服支廠を「新たな人と歴史を紡ぐ場」へと改築する。原爆から77年の年月が経過し歴史を継承していた語部なども減少しつつある。新たに歴史をつなぐ空間が必要ではないだろうか。過去の傷跡からこもれる光と無数に積まれた単一のレンガは過去と未来をつなぐ語り場となる。

増田 耕平　近畿大学大学院 システム工学研究科
麻田 光弘／岩崎 匠

17位 KSGP 22014

新富嶽三十六景
－過去と現代を媒介する点在型美術館－

　富嶽三十六景は日本の象徴である富士山を36のそれぞれの場所から多様な情景とともに描いた浮世絵である。本提案ではその場所毎に描かれた富士山とその多様な情景の「現代との変化」を訪れる人々が解釈できるような建築物を設計し、変化を解釈することによって生まれる新たなまちとの出会い方を提案する。

水越 永貴
明治大学大学院 理工学研究科 建築・都市学専攻

17位 KSGP 22099

舟流都市
－外濠から考える水と都市の考え方－

　外濠が綺麗になった未来のあるべき姿を提案する。本提案は江戸城外濠の河川部を舟で巡り、都市景観を作品と見立てた博物館を設計した。四ツ谷から飯田橋までの外濠の都市景観が隅田川まで連続し、外濠に水と人の循環が再現する。都市河川の歴史を纏い、都心における水辺と都市の向き合い方を探る。

鈴木 真
東京工業大学大学院 環境・社会理工学院 建築学系

19位 KSGP 22089

まもり、ひろがる家
平入町屋を守る構造補強が生み出す 新たなライフスタイル

徳島県美波町には多くの平入町屋とそれに寄り添う町屋跡の空き地が点在する。「取り壊しを生き残った平入の町屋」と「町屋の取り壊しによって生まれた空き地」この関係を生かした「平入町屋の構造補強方法及び街並みの継承」「構造補強が可能にする二世帯生活」「新たなコミュニティーの形成」を提案する。

小野 美咲 神奈川大学 工学部 建築学科

三井田 昂太／相澤 萌／森永 友馬

20位 KSGP 22001

繕いの解体新処

「手付かずの昭和20年代」鶴橋商店街。特有の24の空間操作を「繕い」と呼称する。終焉の近い老舗にコンクリート壁を当て布のようにして補強する。いずれ解体され、壁は小モジュールの空白を形づける。空白に「繕い」を施し、ある種の闇市的空間が再現され、後にその壁を母体に新店舗が上書きする。

大竹 平

京都大学 工学部 建築学科

20位 KSGP 22146

変遷する狭間
ー衰退する町における人と土地のつながりー

自然を引き込み土地と人の調律を行うメモリアルセンターを提案する。時間・環境・動植物を受け入れ様相が変化し、動的な関係を許容しつつともに生き続ける建築は、そこにある自然を頼りに用途や使われ方が変化する動的な関係となり、ささやかな歩み寄り方となって人と土地とのつながりが残り続けていく。

新畦 友也 近畿大学大学院 システム工学研究科

岩間 創吉／三谷 啓人／山口 彰久

※所属は代表者のみ掲載

大磯海街再考
─大磯が再び海のある暮らしを取り戻すための漁港複合施設の提案─

KSGP 22009

榎本 海月

日本大学大学院
理工学研究科
建築学専攻

まちのエッセンスに気づかせる
風景の小さなリノベーション

KSGP 22019

松本 浩輔

金沢工業大学
建築学部
建築学科
─
越智 恒成／岸 洸汰

地に刻す
─平和公園再編計画─

KSGP 22036

寺田 壮志

立命館大学大学院
理工学研究科
環境都市専攻

水際の記憶
─ヨシの暮らしを継承する寺院─

KSGP 22047

森本 龍

立命館大学大学院
理工学研究科
環境都市専攻

山装う軌条たち
～建築として蘇るインフラ～

KSGP 22059

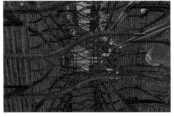

西村 香多郎

九州大学大学院
人間環境学府
空間システム専攻

みずは運河の回りもの
─中川運河再編計画─

KSGP 22062

清家 悠大

名古屋大学大学院
環境学研究科
都市環境学専攻
─
八塚 志帆

史を渡す

KSGP 22079

小瀧 玄太

大阪工業大学大学院
ロボティクス&
デザイン工学研究科
ロボティクス&
デザイン工学専攻

石垣をまちの背骨へ
─新しいまちの単位として石垣を再認識するパブリックスペースのかたー

KSGP 22101

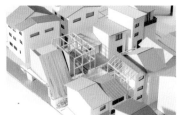

上田 望海

近畿大学
建築学部
建築学科

向こう三軒、うしとなり

KSGP 22163

山本 晃城

大阪工業大学大学院
工学研究科
建築都市デザイン工学
専攻
─
亀山 拓海

ＳＮＯＵ賞

SNOU賞とは　最優秀SNOU賞・パース賞・模型賞・プレゼン賞の4部門において、SNOUが優秀作品を選出。
各賞の受賞者計4組に、北陸ゆかりの品を贈呈しました。

審査方法　30選決定後から歴コン当日までに、1次審査及び2次審査を行う。
［**1次審査**］
SNOUメンバー全員で30選のパネルデータから審査、投票し上位10作品を選出。
［**2次審査**］
1次審査を通過した10作品の中から、最優秀SNOU賞1作品を選出する。
SNOU審査員が、パネルデータ及び模型写真データを見て審査し、
点数の合計により決定（1次審査の点数は2次審査に反映されないこととする）。

審査基準　◇どこを「歴史的」とし、何を「再編」したかを的確に捉えられているか
◇対象地の歴史的背景や現状などの下調べが十分にできているか
◇問題提起が的確にできているか
◇提案は問題を解決するにあたってふさわしいものになっているか
◇提案に持続性・将来性はあるか
◇パネルを通して、作品の魅力についてわかりやすく説明されているか

最優秀SNOU賞

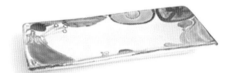

受賞者
KSGP 22056
半澤 諒／池上 真未子／井宮 靖崇／小瀧 玄太
――
山崎 裕理「九谷焼-長角皿」
野菜のカラフルさと、小さい子の中には野菜があまり
好きじゃない子が多いことの対比を九谷焼の土、絵の
具を使って表現してみました。見て、使って楽しんでい
ただけたらと思います。

パース賞

受賞者
KSGP 22116
谷口 歩／亀山 拓海／芝尾 宝／
袋谷 拓央／桝田 竜弥／
島原 理玖／村山 元基／古家 さくら
――
浅田 明彦「うつろいカップ」
うつろいとは季節のうつろいというように
時間の流れを表します。伝統の技を生か
しながら現代の生活にも合わせられる漆
器を目指しうつろいと名付けました

模型賞

受賞者
KSGP 22146
新畦 友也／岩間 創吉／
三谷 啓人／山口 彰久
――
芝 雪「珠洲焼叩き文カップ」
珠洲特有の鉄分の多い土で、釉薬を使
わず焼き締めています。古い珠洲焼の壺
によく見られる叩き文様を、現代の暮らし
に使える器に生かしています。

プレゼン賞

受賞者
KSGP 22058
田坂 太樹
――
打出 勇喜「漆磨カップ」
内側上部に向けて鏡面磨きになっていて
引き立てた泡をきめ細かくクリーミーにしま
す。表面に施してある白檀塗りは、水に浮
かべた漆を漉くことによって模様をつけて
いるので、1つとして同じ模様はない。オリ
ジナル性の高い商品です。

表彰楯

高木 基栄「Rough」
本トロフィーを吹きガラスでつくるに当たって、ベネチアングラスによく見られるゴブレットの、積み上げて形をつくっていくという制作方法自体をモチーフにし、作品の制作自体も吹きガラスでつくったピースを積み上げて成形しました。『ローマは一日にして成らず』という有名な諺がありますが、全ての物事において日々の練習や鍛錬の積み重ねなくして成り立っているものはありません。参加した学生の方々は、これから学校を卒業し社会に出るにあたってさらに多くの経験を積み重ねいくと思います。今回受賞された方、惜しくも受賞に届かなかった方、全ての方がこれからさまざまな経験を積み重ねていき、高く高く積み上げていくもの、まさにここから始まっていくという、その芽吹きをイメージしました

ファイナリストへの記念品

中野 雄「丸いコップ」
無駄のないシンプルな形。ハリを持たせて
手に馴染むようにつくりました。影をイメー
ジした作品です。

「歴コン」Map 2022

1. 出展データ

都道府県別応募件数

都道府県	エントリー作品数	本審査進出作品数
北海道	3	
福島	2	
茨城	3	
栃木	5	
群馬	2	
埼玉	9	
千葉	14	3
神奈川	22	3
東京	32	5
石川	10	1
福井	3	
長野	1	
静岡	1	
愛知	8	1
滋賀	10	1
京都	8	3
大阪	20	7
兵庫	8	
岡山	1	1
広島	13	2
山口	1	
福岡	5	2
佐賀	1	
長崎	1	
熊本	6	1

エントリー189作品／本審査進出30作品

応募者の所属高等教育機関

エリア	都道府県	大学院・大学・専門学校
北海道	北海道	北海道大学
		室蘭工業大学
関東（東京都以外）	栃木県	宇都宮大学
		小山工業高等専門学校
	群馬県	前橋工科大学
	埼玉県	東洋大学
	千葉県	千葉大学
		千葉工業大学
	神奈川県	神奈川大学
		東海大学
		横浜国立大学
東京都	東京都	工学院大学
		芝浦工業大学
		東京大学
		東京工業大学
		東京電機大学
		東京都市大学
		東京都立大学
		東京理科大学
		日本大学
		法政大学
		武蔵野美術大学
		明治大学
		明星大学
		早稲田大学
中部	石川県	石川工業高等専門学校
		金沢大学
		金沢工業大学
	福井県	福井大学
	長野県	信州大学
	静岡県	静岡理工科大学
	愛知県	愛知工業大学
		愛知淑徳大学
		名古屋大学
		名城大学
関西	滋賀県	滋賀県立大学
	京都府	京都大学
		京都芸術大学
		京都工芸繊維大学
		京都精華大学
		立命館大学
	大阪府	大阪大学
		大阪工業大学
		大阪公立大学
		関西大学
		近畿大学
	兵庫県	明石工業高等専門学校
		関西学院大学
		神戸大学
中国	岡山県	岡山県立大学
	島根県	島根大学
	広島県	広島工業大学
	山口県	山口大学
九州	福岡県	九州大学
		福岡大学
	佐賀県	佐賀大学
	長崎県	長崎大学
	熊本県	熊本大学
	鹿児島県	第一工科大学

2. 30選作品 対象敷地マップ

[中部]

愛知県
● 名古屋市 中川運河

石川県
● 金沢市東山／子来町／
　 東御影町

[関西]

滋賀県
◇ 近江八幡市安土町
◇ 高島市 大溝地域

京都府
◇ 伊根町
◇ 京田辺市

兵庫県
◇ 宝塚市

[中国]

広島県
● 呉市東愛宕町
● 江田島市能美町
● 広島市南区出汐

[九州]

長崎県
● 長崎市松山町
　 平和公園

宮崎県
● 西臼杵郡高千穂町
● 宮崎市田野町

福岡県
● 朝倉郡東峰村

[関東]

栃木県
● 那須塩原市

群馬県
● 下仁田町青倉
　 白石工業株式会社
　 白艶華工場

[東京都]

東京都
● 豊島区東池袋
● 新宿区北新宿4丁目
　 淀橋市場
● 千代田区

神奈川県
● 伊勢原市
● 中郡大磯町
● 足柄下郡真鶴町

奈良県
● 吉野郡吉野町

大阪府
● 大阪市東成区 鶴橋商店街
● 大阪市中央区 大阪城公園
● 大阪市 上町台地

[四国]

徳島県
● 海部郡美波町

[海外]

フランス
● プロヴァンス地方

3. 歴史的空間ガイド

さまざまな敷地、歴史的空間が提案の対象となる「歴コン」。
これまでも建築や都市だけでなく、その土地の行事や文化、特産物が対象となってきた。
ここでは学生団体SNOUのメンバーが調査した、今年度の30選作品の歴史的空間をエリアごとに紹介する。

関東（東京都以外）

01 「畜産」
栃木県那須塩原市

那須塩原市は栃木県の北部に位置し、広大な那須野が原の北西一帯を占めている。市の面積の約半分を占める山岳部は、日光国立公園を形成し、塩原温泉郷や板室温泉、三斗小屋温泉の温泉地を有し、初夏の新緑、秋の紅葉など四季折々の多彩な表情を持つ。さまざまな産業がバランスよく立地しており、「生乳生産本州一のまち」としての地位を築いている酪農を始め、高原野菜や水稲、いちごなどが生産されている。

KSGP 22163 『向こう三軒、うしとなり』

02 「炭酸カルシウム乾燥小屋」
群馬県下仁田町青倉
白石工業株式会社 白艶華工場

下仁田町は土地の多くを山林が占め、緑豊かな自然に包まれている。まちの中央を利根川の支流である鏑川が流れ、湧水を求めて来る人も多い。良質な石灰岩が採れ、乾燥に適した気候のため、炭酸カルシウムの製造工場が昭和7年より操業開始。その最終工程で天日乾燥のために使われていたのが乾燥小屋であり、最盛期には100棟以上が存在した。昭和40年代から乾燥方法が燃料乾燥に変わり、乾燥小屋はその役目を終えた。

KSGP 22109 『棚々』

03 「大山」
神奈川県伊勢原市

伊勢原市の北西端に古来より信仰されてきた大山があり、市のシンボルになっている。伊勢原地区は大山からの土砂が堆積してできたとされる扇状地の伊勢原台地が広がり、大山は丹沢山地の東南端に位置する。晴天時は相模平野を駆け抜ける風が強く、日照時間が短く、雪が降っても積もらないのが特徴。南の相模湾から吹く湿った風が大山にぶつかると雲が溜まりやすく、曇りの日が多く雨も多いため、大山は「雨降山」とも呼ばれる。

KSGP 22007 『参拝の蘇生』

05 「採石場」
神奈川県足柄下郡真鶴町

真鶴町は箱根火山の南東側外輪山麓と、相模湾に突き出した小半島から構成される。また、岩沢川に沿う地域のほとんどが森林に覆われ、約1平方kmが自然環境保全地域である。温暖な気候で、古くからリゾート地として多くの文化人に愛されてきた。黒田長政より江戸城の用石発掘の命を受けた小河織部正良が、岩小松山に良質の石材を発見し石丁場を開き、黒田の13回忌の際には供養の石塔を建てたとされている。

KSGP 22086 『真鶴を継ぐ』

04 「漁師町」
神奈川県中郡大磯町

大磯町は神奈川県の中央南部に位置し、大磯丘陵が町域の約65%を占める。日本で最初とされる海水浴場が開かれて以来、湘南の別荘地・保養地として発展。暖流の影響で気候は温暖であり、休養地として最適とされる。明治中期から昭和初期に、伊藤博文など要人の避暑・避寒地として邸宅や別荘が多く建てられた。明治40年頃には150戸以上の別荘があったと言われ、「政界の奥座敷」と称された。

KSGP 22009 『大磯海街再考』

東京都

06 「木造密集街区」
東京都豊島区東池袋

東池袋は交通の便が良く、一方で緑の多い閑静なエリアという二面性を持っている。さまざまな文化が発展し、その土地に根付いた歴史が特徴的な場所である。戦後、利便性の良さから木造アパートが乱立し、木密地域が形成された。令和2年には「としまみどりの防災公園（通称イケ・サンパーク）」がオープンし賑わいを見せている。

KSGP 22173
『東池袋、木密に連鎖するトップライト』

07 「淀橋市場」
東京都新宿区北新宿4丁目
淀橋市場

淀橋市場は関東大震災以降、人口が急増した東京市の周辺区部や郡部の青果物供給拠点として、民設13市場を統合し、昭和14年に開設された。市場として野菜・果物の取扱量は大田、豊洲に次ぐ規模であるが、卸売場棟は3階建てで、敷地面積も狭い。明治22年施行の町村制で柏木村、角筈村などが合併し南豊島郡淀橋町となり、昭和7年に東京市に編入され淀橋区となった。「淀橋」の名の由来は、「川の流れが緩やかで淀んで見えたから」など諸説ある。

KSGP 22085
『第20次卸売市場整備計画』

08 「江戸城外濠」
東京都千代田区

千代田という区名は江戸城の別名「千代田城」にちなんだもの。江戸城は太田道灌が江戸氏居館跡に築城したことに始まる。後に徳川家康が居城し、代々の将軍により城および市街地が拡張・整備され、現在の皇居を中心とした町割りが形成された。千代田区は中心に皇居があり、南部には国会議事堂、衆参両議院会館、各省庁ビル、各国大使館、最高裁判所などの立法・行政・司法機関が揃い、日本の中枢機関が集中している。

KSGP 22099『舟流都市』

⑨ 「まちの風景」
石川県金沢市東山／子来町／東御影町

子来町と東御影町は、ともに金沢市の東山、卯辰町の中間に位置している。東山の中心にはひがし茶屋街がある。子来町は明治3年に、東御影町は慶応3年に卯辰山開拓により町立てされ、加賀国河北郡金沢城下子来町・東御影町ができた。保存地区内の140の建築物のうち約3分の2が伝統的建造物であり、茶屋町創設時から明治初期に建築された茶屋様式の町家が多く残る。復元された茶屋や酒場が並び、古く懐かしい雰囲気を漂わせている地区である。

KSGP 22019 『まちのエッセンスに気づかせる風景の小さなリノベーション』

⑩ 「中川運河」
愛知県名古屋市 中川運河

名古屋市は日本三大都市の一角を担う都市であり、中京工業地帯に含まれ、工業が発展してきた。また、古くから繁栄してきた都市であり、徳川御三家など歴史的人物とも関係が深く、地域特有の個性的な文化が定着している。中川運河は名古屋港と都心を結ぶ水運物流の軸として、長く名古屋市の経済を支えてきた。しかし、昭和39年頃をピークに物流の中心はトラック輸送へと変わり、現在は船の往来は1日に数隻となっている。

KSGP 22062 『みずは運河の回りもの』

中部

(11) **「西の湖のヨシ」**
滋賀県近江八幡市安土町

西の湖は琵琶湖の内湖であり、ラムサール条約に登録され、琵琶湖八景に名を連ねる。ヨシは湖畔に自生するイネ科の植物で、湖の水をきれいにする浄化作用を持つなど、周辺の生態系で重要な役割を担う。ヨシを材料とした造形作品を飾るヨシ灯り展も催されている。また近江八幡は古くから栄え、交通の要衝として中世には商業都市として発展。安土城が築城された地であり、織田信長、豊臣秀次と縁が深い。

KSGP 22047 『水際の記憶』

(12) **「町割り水路」**
滋賀県高島市 大溝地域

大溝地域は高島市の南端部に位置し、古代から湖上輸送の要衝であった。戦後、物流の中心が陸上輸送にシフトし、地域の賑わいは薄れていったが、平成27年、琵琶湖の水と人々が織りなす文化を集めた「琵琶湖とその水辺景観〜祈りと暮らしの水遺産〜」が日本遺産に認定され、それを構成する文化財として「大溝の水辺景観」も選ばれた。

KSGP 22169
『マチワリ交差園』

(13) **「桜と吉野建て」**
奈良県吉野郡吉野町

吉野町は奈良県の中央に位置し、古代から約3万本の桜が咲き誇る名勝地として知られる吉野山があり、修験道や源義経、後醍醐天皇、西行などにまつわる数多くの史跡が伝え継がれるまちである。豊臣秀吉が5千人の家来と花見をしたという記録もあるが、戦場として多くの命が失われた土地でもあった。また、金峯山寺、吉水神社など古社寺が多く、地域全体が史跡・名勝に指定され、2004年には霊場「吉野・大峯」が「紀伊山地の霊場と参詣道」として世界遺産に登録された。

KSGP 22098 『文化の景と桜守』

関西

(14) **「舟屋」**
京都府伊根町

伊根町は京都府北部、丹後半島の発端に位置する。古代より大陸との交流が盛んな地域で、「浦島太郎伝説」など数々の伝説や伝承が伝わっており、「日本書紀」や「万葉集」、「丹後国風土記」にも記載されている。伊根湾の沿岸に建ち並ぶ舟屋は、江戸時代中期から存在していたとされる、1階に船を収納し、2階に漁具などが置かれる建物。約230軒の舟屋群は重要伝統的建造物群保存地区に選定されている。

KSGP 22056 『共界に暮らす』

⑮「馬坂川」
京都府京田辺市

京田辺市は京都府の南部に位置し、西側は丘陵地帯、東側は木津川に沿う平野である。市内には天井川がいくつか存在し、馬坂川もその一つ。天井川とは、川底が周辺の地面の高さよりも高い位置にある川のことで、度重なる堤防工事などによって長い時間を掛けて形成される。また京田辺市は、一休さんのモデルである一休宗純が晩年を過ごし、その遺骨が安置されている酬恩庵一休寺があることでも知られる。

KSGP 22088 『INTERSECT』

⑯「鶴橋商店街」
大阪府大阪市東成区 鶴橋商店街

鶴橋商店街は昭和20年の秋に広まった闇市が始まりとされており、その後いくつかの商店街が形成され、今日の商店街へと発展していった。鶴橋商店街が発展した要因には交通と物流が関わっており、鶴橋は近鉄と国鉄が交わる地点であり、交通・物流の要衝だった。また、それらの鉄道は戦時中に空襲の被害を受けなかったため、戦後に闇市として機能することができた。

KSGP 22001 『繕いの解体新処』

⑰「大阪城公園」
大阪府大阪市中央区 大阪城公園

大阪城公園は、都市計画学者でもあった關一大阪市長のもと大正13年に開園した、大手前公園を前身としている。昭和6年に、天守再建と同時に本丸を含む大阪城公園となった。大阪城特別史跡地に所在する広大な歴史公園であり、天守閣は展望台と歴史博物館を兼ねた施設として公開されている。日本国外からの観光客も多く、日本さくら名所100選にも選定されている。

KSGP 22058 『秘めたる重層性の解放』

⑱「上町台地の石垣」
大阪府大阪市 上町台地

上町台地は大阪平野の南北に位置し、大阪の歴史の発祥地や要所だった。洪積台地であり、大阪層群の上に成立する中位高台層である上町層群を基礎とし、安定した地盤で、大阪一安全な土地と言われている。古代から周辺に人々が居住し、交易や文化の拠点として栄え、古代都市「倭の都」としても知られる。商業文化が栄え、現代でも多くの商店や飲食店が存在し賑やかな商業地であり、歴史的な建造物や寺院といった地域の文化が色濃く残っている。

KSGP 22101 『石垣をまちの背骨へ』

⑲「旧温泉街と歌劇」
兵庫県宝塚市

宝塚市は兵庫県の南東部に位置する。小浜地域は明応年間に寺内町として発展し、江戸期には交通の要衝であることから宿場町として栄えた。明治に近代温泉が発見され、大阪や神戸から湯治客が多く訪れている。大正3年には宝少女歌劇（現・宝塚歌劇団）が上演され、全国的に有名になり、歌劇と温泉のまちとして発展した。また、雲雀丘や花屋敷では西洋建築が建ち並び、モダンなまちとしても知られていった。

KSGP 22079 『史を渡す』

「歴コン」**Map 2022**

 20 「東愛宕町の斜面地」
広島県呉市東愛宕町

呉市東愛宕町は瀬戸内海のほぼ中央部、広島県の南西部に位置し、温暖な気候を持つ地域である。呉一帯を囲む連峰を「九嶺（きゅうれい）」と呼び、それが訛って「くれ」になったという説がある。土地の性質上、土砂災害に弱く、全国１位の土砂災害危険個所を持つ。秋祭り「やぶ」と呼ばれる伝統文化的な行事や、毎年30万人ほどが訪れる「呉みなと祭」も開催されている。

KSGP 22146 『変遷する狭間』

21 「牡蠣養殖場」
広島県江田島市能美町

江田島市は広島湾に浮かぶ江田島、能美島などいくつかの島から成る。江田島は瀬戸内海で４番目の大きさであり、旧海軍兵学校、旧陸軍砲台跡など、戦跡レガシーが数多く残っている。瀬戸内海でも有数の夕陽ポイントであることに加えて自転車、トレッキング、カヤックなどアウトドアも盛んな島である。日本有数の剥き牡蠣の産地であり、冬季には多くの飲食店で牡蠣を一面に押し出した商品が並ぶ。

KSGP 22159
『生業は滲み、風景は重なる』

22 「旧広島陸軍被服支廠」
広島県広島市南区出汐

旧広島陸軍被服支廠は大正２年に竣工し、陸軍兵士の軍服・軍靴などの製造・貯蔵を担う施設だった。爆心地から約2.7kmの距離にあり、外壁が60cmと厚かったため焼失や倒壊を免れ、被爆直後は臨時救護所として使用され多くの方が亡くなった。戦後は学校や倉庫として活用され、平成６年に広島市が被爆建物に登録している。その後は使用されておらず解体も危ぶまれたが、保存の声が多く上がり、現在は全棟保存への道が模索されている。

KSGP 22177 『褐色のポーラス』

中国

四国

23 「平入町屋とその跡地」
徳島県海部郡美波町

美波町は徳島県の南東部に位置し、自然に囲まれた観光地として知られる。伝統と文化を生かした行事や祭りが盛んであり、それらを通じて地元の文化を体験することができる。特に四国八十八ヶ所23番札所「薬王寺」には多くの参拝客が訪れ、歴史的な空間が今も守られている。アカウミガメの産卵地として有名な大浜海岸や、海水浴客で賑わう田井ノ浜海水浴場なども多くの観光客で賑わう。魚介類や柑橘類が有名で、伊勢エビ、すだち、ゆずなど地域特有の美食を味わうことができる。

 KSGP 22089 『まもり、ひろがる家』

「歴コン」Map 2022

㉔「日田彦山線の廃材」
福岡県朝倉郡東峰村

福岡県中央部の東端に位置し、大分県日田市と隣接する東峰村は、平成17年に旧小石原村と旧宝珠山村が合併して発足した。東から北、そして西には急峻な山地が迫り、その谷間を大肥川が南流する。JR九州の日田彦山線は、通学の交通手段として利用されていたが、平成29年の九州北部豪雨の被害により添田駅から夜明駅の区間が不通となった。現在はバス高速輸送システムでの復旧構想が進められている。

KSGP 22059 『山装う軌条たち』

㉖「高千穂峡」
宮崎県西臼杵郡高千穂町

高千穂町は、中心部を五ヶ瀬川が西北から南東に貫流し、その途中の高千穂峡が観光地として有名である。平地の標高が300m以上で夏・冬の気温差が大きく、四季の変化に富み、春の新緑と秋の紅葉は観光資源となっている。高千穂の起源は古く、古代遺跡の発掘や多くの出土品から、紀元前4000年頃から集落がつくられたと推定される。また、天岩戸、天安河原、くしふるの峰など日本神話の舞台と伝えられる地と、神々を祀る神社が数多く存在する。

KSGP 22063 『神楽の降下橋』

㉕「平和公園」
長崎県長崎市松山町 平和公園

平和公園は、平和祈念像があり、長崎原爆犠牲者慰霊平和祈念式典の会場である「願いのゾーン」、原爆資料館のある「学びのゾーン」および「祈りのゾーン」から成る。原爆投下の物証という歴史的意義を有する場所であり、核兵器の禁止と世界平和の実現を呼びかける場所としての意義も持つ都市公園である。平和の鳩と鶴の羽根をイメージした噴水が舞い、平和祈念式典の前夜には数多くの蝋燭が灯され、犠牲者を悼む催しも行われる。

KSGP 22036 『地に刻す』

九州

㉗「大根やぐら」
宮崎県宮崎市田野町

大根やぐらは干し大根をつくるために、冬の間、大根を干すためのやぐらである。昭和30年代から始められたとされ、当初は5段程度だったものが徐々に大きくなり、現在は幅6m、高さ6mで、長さが100mを超えるものもある。田野町は、鎌倉時代の初めに高田法橋が高田山に来着し、奈半利川の治水に努め、田野郷を墾いたことがまちの起源だと伝えられている。幕末には安芸郡の政治経済・文化の中心地として栄え、明治21年に田野村として発足し、大正9年に田野町に改称して現在に至る。

KSGP 22117 『冬は短し、動けよ やぐら』

28 「フロリエル修道院」
フランス プロヴァンス地方

プロヴァンスは南フランスの南東部を占める地方で、東側はイタリア
国境、西は標高の低いローヌ川左岸まで、南は地中海に面してい
る。プロヴァンスという名称は、ローマ帝国時代の属州を示すラテン
語プロヴィンキア（Provincia）に由来する。高所に集まって暮らす高
地居住様式は地中海地方の典型的であり、それらの村落は「岩の上
のアクロポリス」のように標高の高いところにあり、中世の様相を保持
している。

KSGP 22130 『綴く半透明の物語』

海外

歴 史 的 空 間 再 編 学 生 コ ン ペ 実 行 委 員 会

委員長	宮下 智裕	（金沢工業大学 教授）
副委員長	熊澤 栄二	（石川工業高等専門学校 教授）
委員	西野 辰哉	（金沢大学 教授）
	西本 耕喜	（金沢美術工芸大学 准教授）
	馬場先 恵子	（金沢学院大学 教授）
	山越 衛	（金沢科学技術大学校 建築学科長）
	市川 慧	（学生団体SNOU 代表／金沢工業大学）
監事	松田 俊司	（金沢市 市民局長）
名誉顧問	水野 一郎	（金沢工業大学 教育支援機構 教授）
アドバイザー	塚本 由晴	（東京工業大学大学院 教授／アトリエ・ワン）
	松田 達	（静岡文化芸術大学 准教授／松田達建築設計事務所）

事務局：金沢市 市民局 市民協働推進課　　**企画・運営**：学生団体SNOU

学 生 団 体 Ｓ Ｎ Ｏ Ｕ　　—Student Network Originated at hokuriku Union—　略称：SNOU（スノウ）

北陸から発信する、"繋がりを深化させる学生団体"という理念のもと、2012年に金沢で開催された歴史的空間再編コンペティションとともに生まれ、今年で10年目を迎えます。北陸地方で建築・デザインを学ぶ学生が集い48名により結成されており、コンペティションを通して北陸の魅力、そしてそのつながりを全国に発信しています。

　SNOUは、しんしんと降り積もる雪のように着実に経験を積み重ねることや、あらゆる人々が集まることで大きな力を生み出そう、という意味も込められています。

　このようにさまざまな想いが込められ生まれたSNOUにより、学生たちの重なり合う想いが多くの人々に伝わっていくことを期待しています。

代　表	市川 慧	（金沢工業大学）
運営代表	太田 隼乃介	（金沢工業大学）
manager リーダー	中山 柱勲	（金沢工業大学）
planner リーダー	北市 晃生	（金沢科学技術大学校）
designer リーダー	近藤 慧一	（金沢工業大学）

SNOU

アーカイブ編集委員

リーダー
堤 隆太朗（金沢工業大学）　　岡部 光希（金沢科学技術専門大学校）
金田 純怜（金沢工業大学）　　金田 悠花（石川工業高等専門学校）
近藤 慧一（金沢工業大学）　　寺尾 唯（石川工業高等専門学校）
中野 咲希（金沢工業大学）　　小林 柊人（金沢工業大学）

「学生のまち・金沢」の推進と金沢まちづくり学生会議

金沢市では、学生の創造的で自主的な活動を支援することにより、金沢のまちに、にぎわいと活力が創出されるように、平成22年に「学生のまち推進条例（略称）」を制定しました。

この条例により組織された「金沢まちづくり学生会議」は、金沢市内及び近郊の学生で構成され、学生ならではのアイデアとエネルギーを活かして金沢市と協働で創造的なまちづくり活動に取り組んでいます。

毎年春には新入生に金沢のまちの魅力を知ってもらうことを目的とした「OPEN CITY in KANAZAWA」を、秋には金沢学生のまち市民交流館の近隣商店街と連携した「まちなか学生まつり」を開催するなど、学生と地域をつなげるプラットフォームの役割を果たしています。「まちづくりがしたい」「あたらしいことがしたい」「つながりをひろげたい」と思っている学生はぜひ、ご参加ください。

問い合わせ	〒920-8577　石川県金沢市広坂1-1-1 金沢市役所 市民協働推進課 TEL:　(076) 220-2026 FAX:　(076) 260-1178 e-mail:　kyoudou@city.kanazawa.lg.jp

金沢学生のまち市民交流館

金沢学生のまち市民交流館は、まちなかにおける学生と市民との交流の場、まちづくり活動に関する情報交換の場などとしてご利用いただくことを目的に、平成24年9月に金沢市片町に開館しました。

この施設は、金沢市指定保存建造物である大正時代の金澤町家を改修した「学生の家」と旧料亭大広間の部材を用いて新築した「交流ホール」からなります。

> **学生が自らアイデアを生み出し、**
> **発信・実現するためのプロジェクト基地！**

○コーディネーターがさまざまな活動の相談に乗ってくれます。
○多くの交流が生まれる開放的なサロンスペースがあります。
○会議、イベントなど幅広い活動の場として利用できます。
○学生団体の利用は無料です。

問い合わせ	〒920-0981 石川県金沢市片町2-5-17 金沢学生のまち市民交流館 TEL:　(076) 255-0162 FAX:　(076) 255-0164 e-mail:　shiminkouryukan@city.kanazawa.lg.jp

協賛企業

「歴史的空間再編コンペティション2022」にご協賛いただいた企業・団体をご紹介します。

[特別協賛]

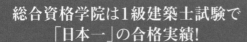

[協　賛]

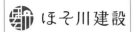
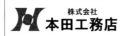

（一社）石川県建築士会／（株）五井建築研究所／（公社）日本建築家協会 北陸支部 石川地域会／
（株）ハヤシ創建／松井建設（株）／ヨシダ宣伝（株）

未来の自然を考える

http://www.kokudonet.co.jp

 株式
会社 国土開発センター

本社 / 金沢市寺町三丁目9番41号

代表取締役社長　新家　久司

TEL:076-247-5080/FAX:076-247-5090

百年前も。今も。

尾山神社創建に名を連ねた
真柄建設の創始者 真柄要助
その頃より
ものづくりの心 変わらずに
金沢の歴史とともに
歩み続けます

誇れる仕事を未来へ！

真柄建設株式会社

代表取締役社長：真柄 卓司

〒920-8728 金沢市彦三町1-13-43 TEL076(231)1266

株式会社 **長坂組**

本　　　社／金沢市笠舞2丁目28番16号
　　　　　　TEL076-262-7314
　　　　　　FAX076-262-7316
資材センター／TEL076-248-3618

http://www.nagasakagumi.co.jp/　e-mail:mail@nagasakagumi.co.jp
Facebookページ：https://www.facebook.com/nagasakagumi

〜 はじまりはいつもココから 〜
（Color）

株式会社 橋本清文堂

〒920-0059 金沢市示野町南51 Tel.076-266-0555 Fax.076-266-0880

他の追随を許さない唯一無二の
「講習システム」と「合格実績」

1級建築士合格実績 No.1

令和4年度
1級建築士 学科+設計製図試験
全国ストレート合格者占有率

57.9%

他講習利用者+独学者 / 当学院当年度受講生

全国ストレート合格者1,468名中／
当学院当年度受講生850名
〈令和4年12月26日現在〉

令和4年度
1級建築士 設計製図試験
全国合格者占有率

52.4%

他講習利用者+独学者 / 当学院当年度受講生

全国合格者3,473名中／
当学院当年度受講生1,819名
〈令和4年12月30日現在〉

令和4年度 **1級建築士 設計製図試験 卒業学校別実績**（合格者数上位10校）

右記学校卒業生
当学院占有率

58.1%

右記学校出身合格者 807名中／
当学院当年度受講生 469名

	学校名	卒業合格者数	当学院受講者数	当学院占有率		学校名	卒業合格者数	当学院受講者数	当学院占有率
1	日本大学	149	91	61.1%	6	工学院大学	63	48	76.2%
2	東京理科大学	123	67	54.5%	7	明治大学	60	34	56.7%
3	芝浦工業大学	96	62	64.6%	8	法政大学	56	33	58.9%
4	早稲田大学	79	36	45.6%	9	神戸大学	55	28	50.9%
5	近畿大学	74	46	62.2%	10	千葉大学	52	24	46.2%

※当学院のNo.1に関する表示は、公正取引委員会「No.1表示に関する実態調査報告書」に基づき掲載しております。　※総合資格学院の合格実績には、模擬試験のみの受験生、教材購入者、無料の役務提供者、過去受講生は一切含まれておりません。　※全国合格者数・全国ストレート合格者数・卒業学校別合格者数は、（公財）建築技術教育普及センター発表に基づきます。　※学科・製図ストレート合格者とは、令和4年度1級建築士学科試験に合格し、令和4年度1級建築士設計製図試験にストレートで合格した方です。　※卒業学校別実績について総合資格学院の合格者数には、「2級建築士」等を受験資格として申し込まれた方も含まれている可能性があります。

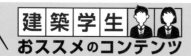
建築学生 おススメのコンテンツ
資格取得支援や建築系イベント開催情報、
就活支援、卒業制作支援など、建築学生の皆さんに
役立つコンテンツをまとめて掲載

 総合資格学院

スクールサイト www.shikaku.co.jp 〔総合資格〕〔検索〕
コーポレートサイト www.sogoshikaku.co.jp
X(Twitter) ⇒「@shikaku_sogo」 LINE ⇒「総合資格学院」
Instagram ⇒「sogoshikaku_official」で検索！

開講講座
1級・2級 建築士／建築・土木・管工事施工管理技士／設備・構造設計1級建築士／建築設備士／宅建士／賃貸不動産経営管理士／インテリアコーディネーター

法定講習
監理技術者講習／一級・二級・木造建築士定期講習／管理建築士講習／宅建登録講習／宅建登録実務講習／第一種電気工事士定期講習

お問合せ先
TEL:03-3340-2810
〒163-0557
東京都新宿区西新宿1-26-2 新宿野村ビル22F